Chips im Bett
und Yoga im Park

für Emely

Alissa Levy

CHIPS IM BETT
UND YOGA IM PARK
Self Care ganz entspannt

KNESEBECK

INHALT

EIN WORT VORWEG **7**

A WIE … AUSMISTEN **9**

B WIE … BALANCE FINDEN **15**

C WIE … CHIPS IM BETT **20**

D WIE … DANKE **27**

E WIE … EINFACH ESSEN **32**

F WIE … FLIRTEN **38**

G WIE … GEMEINSCHAFT **45**

H WIE … HERAUSFORDERUNG ANGENOMMEN **50**

I WIE … ICH SELBST SEIN **57**

J WIE … JA! **62**

K WIE … KOFFER PACKEN **66**

L WIE … LOBEN LERNEN **73**

M WIE … ENSPANNTER MORGEN **76**

N WIE … NEIN SAGEN **83**

O WIE … OFFLINE GEHEN **88**

P WIE … PFLANZEN PFLANZEN **94**

Q WIE … QUATSCH IM KOPF **101**

R WIE … RAUS INS FREIE **107**

S WIE … DIE EIGENE STIMME FINDEN **113**

T WIE … TRAUER UND TROST **119**

U WIE … ÜBERRASCHEN **124**

V WIE … VERTRAUEN KÖNNEN **131**

W WIE … WOHLFÜHLEN **135**

X WIE … X-MAL GEMACHT **140**

Y WIE … YOGA IM PARK **147**

Z WIE … ZUHÖREN **153**

DIE AUTORIN **159**

DANK **159**

EIN WORT VORWEG

Self Care? Früher dachte ich: Kerze anmachen, Bad einlassen. Fertig.

Stunden später war ich irgendwie immer noch nicht entspannt. Auch wenn ich die Erdbeermaske noch so lange einwirken ließ. Komischerweise kam ich am besten bei einer Tüte Chips im Bett runter oder wenn ich spontan zum Yoga in den Park ging. Machte ich etwas falsch?

Nein! Denn bei Self Care geht es genau darum: was für die eine von euch nur Krümel im Bett bedeutet, ist für die andere vielleicht genau das Richtige. Achtsamkeit und Zeit für sich selbst sehen für jeden Menschen anders aus. Für mich heißt Self Care am Montag, eine riesige Pizza für mich alleine zu bestellen und am Freitag bedeutet es vielleicht genau das Gegenteil: zu Hause einen knackig frischen Salat für mich und meine Freunde zu machen.

Das Bild der durchtrainierten, produktiven und optimierten Person, die immer alles im Griff hat – im Job *und* in der Freizeit – funktioniert nur in den sozialen Medien. Meine persönliche Wahrheit sieht anders aus: Ein Fernsehabend mit Katze, ungeschminkt (oder doch im Abendkleid?), macht eben manchmal mehr Spaß, als die Nacht durchzufeiern. Nicht nur in meinen Illustrationen zeigt sich der wirkliche Alltag, in den ich euch in diesem Buch blicken lasse.

Meine Achtsamkeitsrituale sehen vielleicht etwas anders aus, aber sie haben sich bewährt. Ich lade in 26 Kapiteln dazu ein, nachzuspüren, was euch gerade guttut, ohne dass ihr es als weiteres To do in eurem Alltag betrachtet. Es geht darum, den Alltag und euch selbst nicht immer so ernst zu nehmen, zu schmunzeln und euch neu zu entdecken.

Jedes Kapitel enthält Tipps und Hilfestellungen, es gibt Vorlagen zum Ausmalen, Anregungen zum Aufschreiben, Rezepte zum Nachmachen und Ideen zum Experimentieren.

Viel Spaß beim Lesen, Stöbern und Ausprobieren. Viel Spaß mit der wichtigsten Person in eurem Leben: euch selbst!

Eure Alissa ♡

AUSMISTEN

Heute wird der Tag sein, an dem ich endlich mein Leben aufräume. Alles wird anders, besser, sauberer. Einfach loslegen funktioniert da nicht, es braucht Recherche und gründliche Vorbereitung! Ich leihe Bücher aus, lese unzählige Artikel und sehe bei YouTube Menschen dabei zu, wie sie ihre Kleiderschränke ausmisten, nach Farben sortieren und sich selbst dabei filmen. Ich verbringe Stunden damit, zuzusehen, wie sich das Chaos im Zeitraffer lichtet. Zum Schluss wird hübsch das Zimmer vorher und nachher eingeblendet. Binnen weniger Sekunden verschwindet die Unordnung auf magische Weise und ich schmachte die perfekt aufgeräumten Kleiderschränke an. Irgendwann traue ich mich nicht mehr, meine Augen vom Bildschirm zu lösen. Bei mir sieht es leider anders aus: Die Wäsche stapelt sich, gefühlt jede Schublade ist eine »Kramschublade« und ich bin ständig auf der Suche nach meinem Schlüssel, meiner Tasche, nach diesem einen blauen Ordner mit den wichtigen Unterlagen.

In der Regel gebe ich verschollene Dinge einfach auf, denn aus jedem Raum, jeder Schublade und jeder Kiste droht Gefahr. Überhaupt ist es besser, die Büchse der Pandora fest verschlossen zu halten. Die Aufgabe, Ordnung zu schaffen, scheint unüberwindbar. Wo und wie soll ich nur anfangen?

Nicht, dass ich es nicht schon Dutzende Male versucht hätte. Das Paradoxe zu Beginn meiner nicht wenigen Aufräumaktionen war, dass das anschließende Chaos größer war als vorher. Als ich anfing, den Kleiderschrank aufzuräumen, entdeckte ich die Kiste voller alter Tagebücher und anderer Erinnerungen. Ich verbrachte Stunden damit, sie zu lesen und jedes Andenken ganz genau anzuschauen.

»Irgendein Ziel muss man haben und ansteuern – der Sinn des Lebens kann nicht sein, am Ende die Wohnung aufgeräumt zu hinterlassen, oder?«

Elke Heidenreich, Autorin

Dies waren zwar sehr schön verbrachte drei Stunden. Jedoch wurde der Sonntagnachmittag schnell zum Sonntagabend: Mein Schlafzimmer glich einer – wie meine Mutter sagen würde – »Explosion in der Nudelfabrik«.

Ich machte also kurzen Prozess und tat das einzig Vernünftige: Ich stopfte alles so schnell wie möglich zurück in den Schrank und in die Schubladen. Muss ja niemand wissen.

Und jetzt starre ich neidisch auf das perfekt aufgeräumte Schlafzimmer auf meinem Bildschirm. Wie schön wäre es, auch bei mir zu Hause endlich Ruhe und Übersicht zu haben, keine Zeit mehr mit ewigem Suchen zu verschwenden, nicht nachdenken zu müssen, wo ich was hingelegt habe, und regelmäßige Panikattacken zu vermeiden. Manchmal wache ich nachts schweißgebadet auf und frage mich, wo meine Geburtsurkunde ist.

Vielleicht sollte ich mir doch lieber kleinere Ziele suchen und vor allem: mich nicht ablenken lassen. Zuerst die Erkenntnis: Ich kann nicht von Null auf *Marie Kondo* alles an einem Tag in den Griff bekommen. Deshalb werde ich heute die Küchenschublade mit den unzähligen Kugelschreibern, Kassenbelegen und Münzen aussortieren und morgen nur die Jacken. Nach einer Woche Zwischenbilanz habe ich sogar einige Erfolgserlebnisse zu verzeichnen. Ich habe jeden Tag etwas getan, aufgeräumt, geputzt und Dinge aussortiert. »Wer braucht heutzutage schon Radiergummis?«, dachte ich, als ich in den Tiefen meiner Kommode kramte. Ich fand zehn Stück.

Sich trennen ist eine Befreiung, und je öfter ich es tue, desto einfacher wird es. So arbeite ich mich stetig durch die ganze Wohnung, durch meinen Computer, mein Smartphone und meinen Kopf. Klar, es wird Monate dauern. Oder Jahre! Aber jeder Tag ist eine Verbesserung, und je mehr Ordnung ich schaffe, desto mehr Klarheit erhalte ich darüber, was wirklich wichtig ist. Nach der zehnten Schublade habe ich gelernt, Entscheidungen zu treffen und Prioritäten zu setzen. Das heißt nicht, dass alles weg muss. Ich liebe meine Büchersammlung, meine Pflanzen und meine unzähligen Farben und Pinsel. Aber durch das systematische Aufräumen habe ich jetzt mehr Raum und mehr Zeit, mich auf das zu konzentrieren, was mir wirklich wichtig ist.

Immer wieder merke ich, wie viel Zeug einfach aufhält: Ich muss es von der linken Seite des Schreibtisches auf die rechte räumen. Ich muss es putzen, ich muss es reparieren und sortieren. Das Aufräumen ist wie ein Neuanfang: Nichts stört, es gibt endlich Raum für Neues. Und mir fällt auf, wie wichtig es ist, den Zustand auch zu halten: Ich nehme mir keinen Plastikkugelschreiber mehr mit, nur weil er umsonst ist, denn ich weiß, wie geordnet die Küchenschublade jetzt aussieht. Sie enthält nur das, was ich brauche – ich versuche allem, auch der Gießkanne, einen festen Platz zu geben.

Das Schöne am Ausmisten ist auch, dass ich anderen Menschen eine Freude machen kann. Dinge, die ich doppelt habe oder mit denen ich nichts mehr anzufangen weiß, kann oft jemand anderes viel besser gebrauchen. Und ich meine damit nicht einen meiner unzähligen Radiergummis. Auch die teure Küchenmaschine, die ich zum 20. Geburtstag geschenkt bekam und die seit Jahren nur im Keller verstaubt, kann bei einer Freundin ein viel besseres Zuhause finden. Sie freut sich über das Geschenk, ich freue mich über den gewonnenen Platz im Keller. Wir beide freuen uns über den Apfelkuchen, den es bei ihr jetzt öfter gibt.

Aa Bb Cc Dd Ee

Ff Gg Hh Ii Jj Kk

Ll Mm Nn Oo Pp

Qq Rr Ss Tt Uu

Vv Ww Xx Yy Zz

Aufgeräumt schreiben

Behalte auch nach dem Ausmisten den Überblick.

Beschrifte Etiketten mit wasserfesten Markern und
klebe sie auf Gläser, Boxen, Kartons etc.

Eine kleine Inspiration findest du hier.

Ein paar Tipps vorweg:

- Lass dir Zeit beim Schreiben:
  Ziehe jeden Buchstaben langsam nach.
  So wird dein Schriftbild automatisch gleichmäßig und ordentlich.

- Probiere verschiedene Strichstärken aus und entscheide
  dich für einen feinen Stift – 0,5 mm Strichstärke ist ein guter Richtwert.

- Setze die Buchstaben eng aneinander und orientiere dich
  stets am vorherigen Buchstaben.

- Probiere eine Druckschrift aus: Setze bei jedem Buchstaben neu an.

- Oder verbinde die Buchstaben miteinander zu einer Schreibschrift.

- Ich mag es, beides zu kombinieren.

BALANCE
FINDEN

Das eigene Leben im Griff haben heißt: so produktiv wie möglich im Job zu sein, genug Zeit für Freunde und Familie zu haben, auch Zeit für sich selbst zu finden, die Wohnung immer blitzblank zu halten und so weiter und so fort. Erst dann bin ich im Einklang mit allem und habe die »perfekte« Balance gefunden. Richtig?

Irgendwie nicht wirklich. Ich brauche weder Studien noch Forschungen, mir reicht meine eigene Erfahrung, um zu wissen, dass das einfach nicht klappt. Nicht, dass ich mich nicht daran abgearbeitet hätte: Der Anspruch an mich selbst, genau das alles jeden einzelnen Tag zu leisten, schwebte über allem, was ich tat. Ich dachte immer, erst wenn ich das erfolgreich durchhalten würde, wäre mein Leben ausgewogen und im Einklang.

Der Tag fing immer gut an, aber gegen Ende standen noch etliche Punkte auf der To-do-Liste. Ich fühlte mich abends ausgelaugt und deprimiert, weil ich meinen eigenen Ansprüchen nicht gerecht geworden war. Der nächste Tag verlief nicht anders. Irgendwann wurde mir klar, dass nicht *ich* versagt habe. Meine Erwartung war einfach zu hoch: Ich will schließlich mein *Leben* so erfüllt und ausgeglichen wie möglich gestalten und nicht meinen *Tag* (der leider nur 24 Stunden hat, von denen ich am liebsten 12 schlafend verbringen würde). Ich musste also einen Schritt zurücktreten und das große Ganze betrachten: Welche langfristigen Ziele kann ich mir für eine Woche, einen Monat oder ein Jahr setzen?

Ich erkannte, dass ich einige Sachen zurückstellen musste. Ich muss bestimmt nicht den ganzen Keller an einem Tag ausmisten, obwohl ich es mir fest vorgenommen habe. Ich muss nicht für den

BALANCE FINDEN

morgigen Geburtstag meiner Oma ein komplettes Fotobuch über Nacht fertigstellen. Ich muss auch nicht jeden Tag der Woche ein aufwendiges Essen kochen.

Wenn ich meinen Tagesablauf kritisch betrachte, dann ist jeder Tag zwar etwas chaotisch und unübersichtlich, aber dennoch vergesse ich nicht, das große Ganze im Auge zu behalten. Es ist völlig okay, Sachen aufzuschieben, solange ich mir wirklich vornehme, sie zu erledigen. Ich notiere mir beispielsweise aufgeschobene Termine oder Projekte, die ich noch machen will, in meinem Kalender und ziehe mich jeden Monat selbst zur Verantwortung, wie weit ich mit dem Keller oder dem aufwendigen Geschenk bin und wann ich mir die schon überfällige Zeit für mich selbst nehmen kann.

Kein Produktivitäts-Buch oder -Programm, keine App und kein VHS-Kurs wird mir auf magische Weise mehr Energie, Zeit oder Geld schenken. Ich muss mit den Mitteln haushalten, die mir nun mal zur

»Verbringe deine Zeit nicht damit, gegen eine Wand zu treten, in der Hoffnung, sie in eine Tür zu verwandeln«

Coco Chanel, Modedesignerin

Verfügung stehen, und das Beste daraus machen. Wenn man so will, räume ich mir selbst das Recht ein, auch eine harte Entscheidung zu treffen, ohne das Gefühl zu haben, dass ich doch eigentlich alles hätte gleichzeitig schaffen müssen.

Balance im Leben heißt für mich, herauszufinden, was *ich* wirklich will, und dementsprechend meine Prioritäten zu setzen: Schwitze ich mich gerade im Fitnessstudio ab, weil mein Umfeld es von mir erwartet oder weil mir Bewegung guttut? Richte ich eine große Geburtstagsparty aus, weil ich es immer schon so gemacht habe oder weil ich Lust habe, ein Fest zu organisieren? Arbeite ich so lange an dem Projekt, weil es wirklich noch nicht fertig ist, oder steigere ich mich in meinen Perfektionismus rein?

Nur ich kann mir diese Fragen beantworten. Ich habe die Erfahrung gemacht, dass einfach »keine Zeit« zu haben nicht ganz der Wahrheit entspricht. Vielleicht habe ich eine andere Priorität gesetzt oder mich zu sehr von meinem Umfeld beeinflussen lassen.

»Zeit« ist eigentlich genug da. Neulich hatte ich einen Wasserrohrbruch in der Wohnung, wegen dem ich alle Termine des Tages absagen musste. Alles, was ich tun konnte, war: einfach nur dasitzen und warten, bis der Klempner fertig wurde. Die Welt hat sich komischerweise einfach weitergedreht, obwohl es »absolut und überhaupt nicht in meinen Zeitplan« passte. Seitdem denke ich: Wenn ich dem Wasserrohr sechs Stunden meines Lebens schenken kann, dann kann ich mich auch zwei Stunden ohne schlechtes Gewissen entspannen oder endlich meine Großeltern besuchen, die ich zu selten sehe.

Prioritäten setzen

Was ist dir wirklich wichtig?

Was möchtest du auf lange Sicht erreichen
und was muss bis dahin passieren?

Manchmal sieht man es schwarz auf weiß klarer.

Notiere deine Prioritäten und langfristigen Ziele:

-
-
-

FINISH

CHIPS IM BETT

Ich bin gerne faul. Schon die alten Römer wussten das Faulenzen als würdevolle Muße zu feiern. Recht hatten sie! Ich wickle mein Bettlaken zu einer schicken Toga und stolziere zur Snack-Schublade.

Das heißt natürlich nicht, dass ich nicht auch gerne Abenteuer erlebe. Nur manchmal tue ich dies von der Couch aus, mit der Heldin einer Netflix-Serie. Auch im Urlaub muss ich mich nicht gleich durch Urwälder oder Sehenswürdigkeiten kämpfen. Überhaupt verbringe ich meine Freizeit gerne entspannt, Stress habe ich an den restlichen Tagen schon genug.

Es ist Samstagmorgen, die Tüte knistert beruhigend und ich schiebe mir ein paar Chips in den Mund. In der Ruhe liegt die Kraft. Faulenzen ist eine verloren gegangene Kunstform, bei der es nicht unbedingt darum geht, jeden Moment mit sinnloser Ablenkung zu verbringen, sondern um die bewusste Entscheidung, wirklich mal nichts zu tun. Und zwar wirklich nichts oder zumindest nur eine Sache. Denn mal ehrlich: In einer Welt ständiger Ablenkung kam ich früher selten dazu, auch in Pausen einmal stillzustehen. Stattdessen verbrachte ich meine Freizeit damit, zwei Serien zu schauen, während ich durch Instagram wischte und parallel mit Freunden schrieb. »Maximale und produktive Entspannung«, dachte ich. Doch auch in meiner Freizeit funktionierte Multitasking nicht wirklich. Und entspannt war ich kein Stück.

Deshalb zelebriere ich meine Unproduktivität regelrecht und regelmäßig. So wie ein Treffen mit der besten Freundin ist »Chips im Bett« ein fester Termin in meinem Kalender, auf den ich mich mindestens genauso freue wie auf einen kleinen Urlaub. Die Vorbereitungen

»Die Welt schenkt uns keine Zeit für Pausen, wir müssen sie uns nehmen.«

Julia Scharnhorst, Psychologin

 laufen meistens schon ein paar Tage vorher, denn nichts soll dem Zufall überlassen werden: Ich kaufe für ein Frühstück oder einen Brunch ein und sorge für ausreichend Snacks und Getränke. Ich überlege, ob ich abends etwas koche oder mich auf den Lieferservice freue. Aufgeregt lege ich die Chipstüte wie eine Trophäe in den Einkaufskorb. Neben dem leiblichen Wohl sorge ich auch für ein Schaumbad oder eine neue Maske mit Glitzerpartikeln, für Nagellack oder eine schöne Duftkerze. Während der Arbeit studiere ich heimlich die neuesten Serien- und Filmgeheimtipps. Für das Unterhaltungsprogramm will schließlich auch gesorgt sein.

Ist der große Tag gekommen, ist der erste Punkt auf der Agenda natürlich: ausschlafen. Endlich mal nicht vom Wecker geweckt werden, sondern vom lieb gewonnenen Baulärm des Nachbarhauses. Herrlich. Hauptsache, nicht das nervige Geräusch meines Smartphones. Natürlich gibt es einen Kaffee im Bett. Die Vorfreude, keiner einzigen Verpflichtung nachgehen zu müssen, gibt es gratis dazu. Ich kann mir so viel Zeit lassen, wie ich will, Zeitschriften studieren oder einfach nur daliegen und entspannen. Etwas, was ich als Kind gerne gemacht habe: ausgestreckt im Bett liegen und einfach meine Gedanken schweifen lassen.

»Faul sein« gilt als schlechte Angewohnheit und soll um jeden Preis vermieden werden. Für mich heißt faul sein, meine Zeit besser zu nutzen: Wenn ich bei der Arbeit alle Geräte auf lautlos stelle und mich zwei Stunden lang auf das Projekt konzentriere, erledige ich mehr als in fünf Stunden, von denen noch bis vor Kurzem ein

Großteil für Chatten, Instagram und die Suche nach dem perfekten Katzen-GIF draufgingen.

Die gewonnene Zeit kann ich heute darauf verwenden, mich langsam aus dem Bett zu schälen und über das perfekte Faulenz-Outfit – eines der wichtigsten Outfits – nachzudenken: egal ob Jogger, Ballkleid oder Toga: Es sitzt immer. Auch das späte Frühstück wird zelebriert wie im Lieblingscafé. Manchmal verlege ich es gleich dorthin. Heute nehme ich mir die Zeit, den Aufstrich selbst zu machen. Alles ist nett angerichtet. Ich esse mein Croissant ohne Ablenkung. Der restliche Vormittag gestaltet sich offen. Ich tupfe mir eine Erdbeermaske aufs Gesicht und hoffe, der Paketbote kommt erst morgen. Ich drehe die Musik laut auf und lasse mir ein Bad ein. Spätestens jetzt wissen die Nachbarn, dass heute einer dieser Tage ist. In diesen Momenten halte ich inne und freue mich über das schönste Geschenk, das ich mir selbst machen kann: eine kleine Pause.

Dein Faulenztag kann kommen.

Planung ist alles!

Damit du ihn ausgiebig genießen kannst,
bereite am besten vorab alles vor, was du brauchst.

Snacks und Getränke:

Magazine und Bücher:

Filme und Serien:

Pflegeprodukte:

Das perfekte Outfit:

DANKE

Im Verlauf eines einzigen Tages sage ich unzählige Male »Danke«. Zur Kassiererin, zum Bäcker, zur Busfahrerin. Mein beiläufiges »Danke« zu Menschen, die ihre Arbeit machen, ist ein Automatismus wie das »Gut, und dir?« auf die »Wie geht's dir?«-Frage. Ich will höflich sein und die Arbeit wertschätzen, die mein Gegenüber wahrscheinlich auch ohne mein »Danke« erledigen würde. Natürlich geht es oft unbemerkt unter. Eine blonde Frau, die in der Warteschlange beim Bäcker steht, die ganze Zeit ihr Telefon am Ohr hat und ohne ein Danke ihre Brötchentüte entgegennimmt, fällt mir sofort auf: Obwohl die Bäckereifachverkäuferin gerade drei Kunden gleichzeitig bedienen muss und vermutlich andere Sorgen hat, verdrehe ich die Augen, als ich die Frau mit dem Telefon aus dem Laden eilen sehe. Das höfliche »Danke« ist wie das bisschen Backpulver im Kuchen: Es fällt einfach auf, wenn man es vergisst.

Ich bedanke mich viel zu oft bei meinen Freunden für die Konzertkarten, die sie mir geschenkt haben. Hier ist mein »Danke« keine reine Höflichkeit, sondern kommt von Herzen und ich freue mich mehr über ihre Geste als über das Geschenk. Besonders schön ist die Tatsache, dass sie genau wussten, wie gerne ich auf dieses Konzert gehen wollte. Das führt mir noch mehr vor Augen, wie gut sie mich kennen. Mein »Danke« ist nicht nur ein Wort, sondern eine lange Umarmung.

Dann gibt es noch die Alltäglichkeiten, für die ich viel zu oft vergesse, mich zu bedanken: für das Mittagessen bei meinen Eltern oder dafür, dass mein Partner schon seit Wochen wortlos das Staubsaugen übernimmt, weil ich ein extra Projekt aufgebrummt bekommen habe und im Moment nicht dazu komme. »Danke«, sage ich zu meiner Chefin mit einem gequälten Lächeln.

Im Alltagsstress habe ich so viele Dinge zu erledigen, dass ich kleine Gesten, wie das saubere Badezimmer oder die von Zauberhand verschwundenen Pfandflaschen, die sich bis vor Kurzem auf dem Kasten stapelten, einfach nicht bemerke. Ein einfaches »Danke« und ein Kuss auf die Wange lassen meinen Partner oder meine Schwester wissen, wie viel mir ihre Hilfe bedeutet.

Wie sich ein »Danke« in Form einer Wertschätzung des Augenblicks auf die Stimmung auswirken kann, lernte ich an einem Abend im Restaurant mit einer Gruppe von Bekannten. Wir kannten uns nur flüchtig über eine mehrtägige Veranstaltung, bei der wir gemeinsam arbeiteten, und beschlossen, den Feierabend bei einem Essen ausklingen zu lassen. Nach längerem Suchen entdeckten wir endlich ein Restaurant, das noch Platz für fünf Personen hatte. Das Lokal war ziemlich voll, und als unsere Bestellung nach knapp vierzig Minuten immer noch nicht kam, fing mein Sitznachbar an, sich lautstark über den »fürchterlichen Service« zu beschweren. Ich rutschte schon nervös auf meinem Stuhl hin und her. Eine junge Kollegin, die den ganzen Abend nicht viel gesagt hatte, durchbrach die sehr unangenehme Stille: »Ich finde, wir hatten Glück, an einem Freitagabend ohne Reservierung für fünf Personen noch einen Tisch zu bekommen. Die Kellner sind sehr bemüht, es duftet schon gut und ich freue mich auf das bestimmt sehr leckere Essen, das gleich kommen wird.« Erleichtert stießen wir alle an und nahmen wieder unsere Gespräche auf. Tatsächlich hatten wir noch einen netten, entspannten und kurzweiligen Abend. Sie schaffte es mit wenigen Worten, die schlechte Stimmung noch zu retten und sie auf die schöne Atmosphäre, die nette Gesellschaft und die Vorfreude auf das Essen zu lenken anstatt auf die durchaus lange Wartezeit, auf die wir aber so oder so gerade keinen Einfluss hatten.

Der Abend zeigte mir noch etwas anderes: nämlich dass ich meinem Sitznachbarn aus dem Restaurant gar

nicht unähnlich bin. Auf der Heimfahrt ertappte ich mich dabei, wie meine Gedanken anfingen, darum zu kreisen, was ich gerade NICHT habe und was alles hätte besser laufen können: Ja, der neue Auftrag ist toll, aber er kam nur über eine Freundin rein; ich habe zwar Komplimente für mein neues Oberteil bekommen, aber eigentlich war es viel zu teuer; irgendwie freue mich auch auf das Wochenende, aber ich muss vorher noch so viel vorbereiten und später alles aufräumen. Die Freude und Dankbarkeit über die eigentlich sehr schönen Dinge waren plötzlich wie verflogen.

Niemand bekommt es so fabelhaft hin, mir meine Laune zu verderben wie ich selbst. Warum kann ich nicht öfter genauso geduldig und liebevoll mit mir selbst sein, wie ich es so selbstverständlich mit meinen Freund*innen und meiner Familie bin?

Ich komme mir zwar albern vor, aber einen Versuch ist es wert: Danke für deinen Fleiß und dein Durchhaltevermögen. Und ja, die Bluse war jeden Cent wert. Außerdem hast du dich auf die Gartenparty schon seit Wochen gefreut, wie wär's, wenn du das anschließende Chaos einfach mal Chaos sein lässt?

»Danke!« – »Nicht dafür!«

»Danke, Monsieur.«

Letzte Worte von Mata Hari, Tänzerin und Spionin

Heute bin ich dankbar für ...

Dieses Achtsamkeitsritual kann dir helfen, die schönen
Momente deines Alltags bewusster wahrzunehmen.
Ich lasse dafür extra Platz in meinem Bullet Journal.
Wenn du nicht schreiben möchtest, kannst du es auch im Kopf durchgehen.

Trau dich, es wirklich jeden Tag zu tun.

Überlege dir drei Dinge, ...

... über die du dich heute gefreut hast:

-
-
-

... die du heute gut gemacht hast:

-
-
-

... für die du deinen Mitmenschen dankst:

-
-
-

EINFACH ESSEN

Letztens habe ich weder gefrühstückt noch zu Abend gegessen. Dafür habe ich eine Packung Kekse und zwei Brote mit Käse hinuntergeschlungen, während ich am Laptop saß. Das war's.

Es gibt wohl kein Thema, das uns so oft im Alltag begegnet, wie unsere Ernährung. Bücher, Zeitschriften, Blogs – nie war sie präsenter als heute: Wenn ich in einem Café sitze, schießt mindestens ein Gast ein Beweisfoto seines Tellers, um es danach bei Instagram zu posten. Es ist kein Wunder, dass sich Menschen über ihre Ernährung definieren, sie zum Mittelpunkt ihres Lebens machen und ich Leute kenne, die ihren Kaffee mit einem großen Stück Butter trinken.

Alle müssen essen und trinken. Nur das *Was* und *Wie* wird in der heutigen Zeit immer komplizierter. Die Medien berichten von Lebensmittelskandalen, auch in der Bio-Branche. Sogar Grundnahrungsmittel geraten in Verdacht, die Wurzel allen Übels zu sein: Weizen, Kohlenhydrate, insbesondere Zucker, tierische Fette. Fertigprodukte sowieso. Wie soll ich mir da noch sicher sein, dass das, was ich esse, auch unbedenklich ist?

Dann gibt es natürlich noch verschiedenste Diät-Strömungen, die sich zum Teil sogar widersprechen: Low Carb, Glutenfrei, Basisch, Vegan, Vegetarisch, Ayurvedisch. Es gibt so viele Möglichkeiten, sich gesund zu ernähren, dass ich den Überblick verloren habe.

»Etwas so Einfaches wie Essen ist ganz schön kompliziert«, denke ich mir, während ich einer Köchin auf meinem Bildschirm dabei zusehe, wie sie perfekte, selbst gemachte Nudeln formt und sie ins Wasser plumpsen lässt. Derweil versuche ich, mich und meine Couch von Kekskrümeln zu befreien.

Annika fragte: »Dürfen wir mit den Fingern essen?« »Meinetwegen gern«, sagte Pippi. »Aber ich halt mich an den alten Trick, mit dem Mund zu essen.«

Pippi Langstrumpf, das stärkste Mädchen der Welt

Schon in meiner Unizeit, in der ich mich zum Ende des Monats hauptsächlich von Nudeln mit Nudeln ernährt habe und es für kein großes Problem hielt, stellte ich fest, dass gesünderes Essen oft auch eine Frage des Geldes und der Zeit ist. Auch heute habe ich weder unbegrenztes Budget für teure Nahrungsmittel noch genügend Zeit, jeden Tag frisch zu kochen.

Im Laufe meines Lebens gab es viele Motive, auf meine Ernährung zu achten, sie gar umzustellen: aus gesundheitlichen Gründen, als Vorbeugung oder Therapie gegen Krankheiten, um zu- oder abzunehmen, um die Umwelt zu schonen oder um die Lebensbedingungen von Tieren zu verbessern.

Wenn ich über mein Frühstück, Mittag- und Abendessen nachdachte, kam also nicht selten Verwirrung auf. Natürlich probierte ich das eine oder andere aus. Meist war die Ernährungsumstellung jedoch nur von kurzer Dauer. Als eine durchschnittliche Person ohne Lebensmittelunverträglichkeiten und mit Vollzeitjob stellte ich irgendwann fest, dass ich am besten fahre, wenn ich mich an die Aussage von Paracelsus halte: »Die Dosis macht das Gift.« Wir wissen und merken alle, dass Kekse, Chips und Schokolade nicht die Basis einer ausgewogenen Ernährung sind. Aber es gibt Tage, an denen es absolut okay ist, eine Ausnahme zu machen.

Ich achte darauf, dass ich meine Produkte möglichst saisonal und regional beziehe. Ich habe Kräuter auf dem Balkon und kaufe im Supermarkt saisonales Gemüse und Obst. Die Produkte sind oft günstiger und nachhaltiger. Sie haben keine lange Reise vom anderen Ende der Welt hinter sich und nebenbei schmeckt die Tomate nach Tomate. Das bedeutet natürlich auch, dass ich auf Erdbeeren im Winter verzichten muss, aber dafür gibt es genug Alternativen.

Des Weiteren pflege ich mein wöchentliches Treffen mit einer Freundin auf dem Wochenmarkt, was für uns etwas ganz Besonderes ist: ein Event für sich, sehen und gesehen werden, familiäre Atmosphäre mit den Verkäufer*innen – wo sonst werde ich mit einem ohrenbetäubenden »Frische Oliven, nur 3 Euro – lecker, lecker, lecker!« begrüßt? Und wir dürfen zwischendurch auch etwas probieren. Es gibt viel mehr Auswahl an frischem Obst und Gemüse als im Supermarkt und ich kriege richtig Lust aufs Kochen.

Am Ende des Tages höre ich in mich hinein, was meinem Geist und meinem Körper guttut. Obwohl ich Süßes gerne mag, bekommt es mir nicht gut, wenn ich zu viel davon esse. Zucker – der ja eigentlich sinnvoll und wichtig ist, macht mich in großen Mengen unruhig und ich fühle mich unwohl. Für alle Lebensmittel, die ich zu mir nehme, gilt: Noch wichtiger als der kurze Genuss ist, dass es meinem Körper gut geht. Mein Geist ist aber untrennbar mit meinem Körper verbunden. Daher freue ich mich über ein frisch zubereitetes Essen genauso wie über die kleinen »Sünden«, die nichts Schlechtes sind.

Den Saisonkalender kannst du dir zum Ausdrucken auf www.knesebeck-verlag.de herunterladen.

Nüsse

Schwarzwurzeln

Rosenkohl

Endivien

Porree

Winter

Feldsalat

Wirsing

Zwiebeln

Chinakohl

Rotkohl

Champignons

Maronen

Blumenkohl

Topinambur

Möhren

Weintrauben

Herbst

Kürbis

Brokkoli

Kartoffeln

Rote Bete

Petersilienwurzel

Fenchel

Knoblauch

FLIRTEN

Auch wenn ich es nicht als die »natürlichste Sache der Welt« sehe und mich unglaublich peinlich dabei anstelle, weiß ich um die Magie des Flirtens. Um ehrlich zu sein, gingen mir die Rituale der Zuneigungsbekundungen aus dem Kindergarten – Haare ziehen, den oder die Angebetete mit einem Holzklotz abwerfen usw. – leichter von der Hand, als mich in einer unnatürlichen Haltung lasziv zu verdrehen und vor Verlegenheit rot anzulaufen.

Flirten ist eine Erinnerung daran, dass ich attraktiv bin. Das tut gut nach dem gestrigen Nachmittag, den ich damit verbrachte, unfrisiert und unzivilisiert auf allen Vieren den Boden zu wischen. Heute sitze ich in einem Café, trage Lippenstift und fühle mich gut. Wenn die Sterne richtig stehen, eröffnet Flirten einen Spalt zur Zwischenwelt, in der für nur ganz kurze Zeit die eigene soziale Stellung, die sexuelle Neigung, der Beziehungsstatus und die Einschränkungen des Alters aufgehoben werden. Ich habe schon Kellner mit Geschäftsmännern flirten sehen, Verheiratete mit Singles, eine Frau, die ich auf Mitte Fünfzig schätzte, mit zwei jungen Frauen in den Zwanzigern.

Was mich daran so fasziniert, sind die Wertschätzung und kurze Verbindung zwischen zwei Personen trotz oder gerade wegen aller sozialen oder körperlichen Unterschiede. Was genau die Fremde oder der Fremde an der Bar, im Bus oder im Supermarkt an mir interessant findet, werde ich vielleicht nie herausfinden, aber das Grübeln darüber zaubert mir ein Lächeln ins Gesicht.

Ein guter Flirt kreiert eine schöne Illusion, aber nicht, um zu schmeicheln oder zu manipulieren. Er eröffnet vielmehr einen ungewohnten Blick auf einen selbst: Ich bin begehrenswert, ich bin

attraktiv, jemand findet mich schön. Gut zu wissen. Es gibt bestimmt Menschen, die nicht daran erinnert werden müssen, aber auch sie nehmen Aufmerksamkeiten von schönen Fremden gerne zur Kenntnis.

Wir Normalsterblichen haben gelernt, uns durch die selbstkritisch spiegelnde Scheibe der zahlreichen Zurückweisungen zu betrachten, welche nur die eigenen Unzulänglichkeiten fokussiert. Im Alltag fühle ich mich alles andere als sexy. Zwar weiß ich um mein verzerrtes Selbstbild, aber eine Gedächtnisstütze in Form von einem sehr attraktiven Augenpaar, das mich zwei Sekunden zu lange fixiert, als dass es nur als flüchtiges Streifen durchgehen könnte, schadet auf keinen Fall.

Auch wenn der Flirt zu Beginn von der Ungewissheit und Anonymität lebt, ist er mehr als nur ein Lächeln oder eine herausfordernde Bemerkung im Vorbeigehen. Ich versuche das Flirten nicht zu vergessen, auch wenn ich jemanden besser kennengelernt habe. Oft wird die aufregende und unvorhersehbare Fahrt ins Neue schnell zu einem schweigsamen Spaziergang. Auch wenn der Alltag langsam einkehrt und alles vertraut und sicher ist, die Beziehung an wichtiger Stabilität und Ernsthaftigkeit gewinnt, ist es trotzdem schön, das Spielerische nicht zu vergessen: sich chic machen für den anderen, spontan zu einem Date einladen, eine kleine Liebeserklärung am Spiegel hinterlassen, sich mal wieder tief in die Augen schauen, ohne zu fragen: »Warum starrst du mich so an, hab' ich was im Gesicht hängen?«

– »Nein, DAS WAR FLIRTEN!«

Ich bin aus dem einen oder anderen guten Grund mit meinem Partner zusammen, und nur weil wir schon zwei, vier oder zehn Jahre ein Paar sind, heißt das nicht, dass diese Gründe nicht mehr präsent sein sollten. Ein kleiner Flirt zwischendurch erinnert uns beide, was wir aneinander anziehend und begehrenswert finden. Egal, wie sehr man sich liebt oder immer noch attraktiv findet, es gehören auch ein bisschen Aufmerksamkeit und Arbeit dazu, um den anfänglichen Funken aufrechtzuerhalten. Ein Flirt bringt nicht nur meinem Partner, sondern auch mir einen kleinen »Selbstbewusstseins-Boost«, der mich wieder ein bisschen unbeschwerter durch den Tag gehen lässt.

FLIRTEN

»Liebe ist im Grunde eine chemische Reaktion. Aber es macht Spaß, nach der Formel zu suchen.«

Hildegard Knef, Schauspielerin und Sängerin

Sag's mit einem Haiku

Ein Haiku ist eine Art Kurzformpoesie, die ursprünglich aus Japan stammt.
Er besteht aus drei Zeilen mit 5-7-5 Silben.
Traditionell beschreibt er spontane Gefühle und ist von Naturthemen inspiriert.

Ich finde, er eignet sich hervorragend, um für den Partner oder die Partnerin
eine Liebesbotschaft zu hinterlassen. Solch kleine Gesten fördern die Harmonie
und steigern so das Wohlbefinden.

Da einem nur wenige Silben zur Verfügung stehen, entstehen oft lustige, poetische
und absurde Nachrichten:

Die Welt ist riesig
Ah! Und so viel zu entdecken
Lass uns Pommes essen

Hebe eure schönen Alltagsmomente hervor, indem du sie z. B. mit Motiven aus der Natur
kombinierst. Urlaub in Paris ist schön, aber den Sonntag im Bett verbringen auch.

Du bist die Sonne
wärmst meine kalten Füße
Ah! So romantisch!

Tipps:

Inhalt:

- Kombiniere Naturmotive mit Alltäglichkeiten
- Beschreibe die Farbe von Augen, Haaren, Haut etc.
- Beziehe Witze ein, die nur ihr versteht
- oder ein (gemeinsames) Hobby
- oder etwas, das ihr immer schon mal machen wolltet
- Mache Komplimente
- Was findest du an deiner besseren Hälfte besonders anziehend?
- Beschreibe alle Sinne: fühlen, riechen, schmecken, hören, sehen
- Selbstironie hilft immer

Form:

- Du musst die 5-7-5-Silben-Regel nicht streng durchhalten: füge eine Silbe hinzu, wenn sie wichtig ist, oder lass sie weg, wenn sie stört
- Verschiebe übrig gebliebene Silben einfach in die nächste Zeile oder ziehe sie in die vorherige
- Benutze Laute wie Ah oder Ooh als Füllwörter. Auch ein JA! ist schön
- Schreibe im Präsens und benutze keine Punkte oder Kommas

Botschaft:

- Schreibe deine Haikus auf schönes Papier und falte sie zu kleinen Briefchen oder rolle sie zusammen
- Verstecke sie in der Jackentasche, Essensdose, im Auto etc. deiner*deines Liebsten
- Klebe sie an Kühlschrank oder Spiegel
- Verschicke sie als Postkarte

Geheimtipp:

- Wenn du zwischendurch einen Haiku in deiner eigenen Jackentasche versteckst, kannst du dich darüber freuen, wenn du ihn bei Gelegenheit
  – schon fast vergessen – wieder findest.

GEMEINSCHAFT

An meinem ersten Tag im Kindergarten kam ein Mädchen auf mich zu und fragte, ob ich ihr helfen könne, ihren Hund anzuleinen. Sie zeigte dabei auf einen großen Stein und ein Stück Seil. Ich nickte, wir teilten unser Frühstück und gingen mit dem Stein Gassi. Ich brauche vermutlich nicht zu erwähnen, dass wir von da an unzertrennlich waren.

Kinder schließen in wenigen Sekunden Freundschaft. In der Grundschule und in der weiterführenden Schule knüpfte ich viele Kontakte, hatte aber nur eine Handvoll enge Freund*innen. Später in der Uni war es ähnlich: Ich traf auf viele Gleichgesinnte, mit denen ich mich ab und zu verabredete, aber der harte Kern bestand aus vier oder fünf Personen.

Woran erkennt man einen guten Freund oder eine gute Freundin? Als Kind und Jugendliche war das einfach: Es waren die Menschen, mit denen ich ganze Nachmittage, Wochenenden oder sogar Sommer verbrachte. Als Erwachsene habe ich weniger Zeit, mich zu verabreden, und trotzdem bemerke ich die Vertrautheit zwischen meinen alten Freund*innen und mir. Ich kann sie monatelang nicht sehen oder sprechen. Aber wenn wir uns treffen, ist es so, als hätten wir gestern erst unsere Hausaufgaben voneinander abgeschrieben. Wir können noch genauso zusammen lachen und Quatsch machen.

Heute weiß ich: Qualität geht über Quantität. Bei mir jedenfalls. Wenn ich früher Menschen mit sehr vielen sozialen Kontakten kennenlernte, dachte ich oft, sie seien irgendwie cooler, glücklicher und beliebter als ich – insbesondere als soziale Medien ins Spiel kamen. »Wie viele Facebook-Freunde hast du?« »Wie viele Instagram-Follower?« Viele meiner Online-Freundschaften bestehen aus Leuten,

GEMEINSCHAFT

»Manche Leute gehen zu einem Priester, andere zur Poesie; ich zu meinen Freunden.«

Virginia Woolf, Schriftstellerin

die ich auf einer WG-Party oder durch Freund*innen getroffen habe. Früher gehörte es einfach dazu, sich in sozialen Netzwerken zu befreunden, obwohl man sich kaum kannte. Vielleicht hat das etwas mit Status zu tun. Ich sammle lieber Radiergummis.

Ich erkannte schon immer, wie wichtig es ist, enge Freundschaften zu knüpfen – Menschen, die mich lieben, respektieren und unterstützen. Mit der Zeit hat sich diese Gruppe natürlich verändert. Nach dem Abitur oder nach dem Uniabschluss sind viele in andere Städte oder Länder gezogen und der Freundeskreis musste sich wieder neu finden. Als Erwachsene fällt es mir viel schwerer als früher, neue Freundschaften zu knüpfen: Das natürliche Umfeld, in dem ich viele neue Leute kennenlernte, hat sich verkleinert. Wir fangen an, Vollzeit zu arbeiten, und die Freizeit, die uns bleibt, wollen viele lieber mit ihren Partner*innen verbringen oder ihrer neuen Familie. Oft werden Verabredungen zum Essen abgesagt oder verschoben.

Nach zwei Absagen innerhalb einer Woche entschloss ich mich, einen festen Termin zu vereinbaren: ein gemeinsames Treffen einmal im Monat bei jemandem zu Hause. Das kriegen wir doch hin, oder? Ich bat jeden, ein Lieblingsgericht mitzubringen. Alle waren sehr aufgeregt und brachten Salate, Dips, Beilagen oder Nachtisch mit. Ich kümmerte mich ebenfalls um ein Gericht, aber auch um Musik und Deko. Wir quatschten und aßen, es wurde spät und die Stimmung wurde immer ausgelassener. Und das an einem Mittwochabend! Und obwohl alle am nächsten Morgen sehr früh rausmussten. Seit diesem Abend wechseln wir uns monatlich ab, die Gruppe ist mal kleiner oder größer, weil nicht immer alle Zeit finden, aber das heißt nicht, dass man ganz absagen muss.

Über den Alltagsstress ist es leicht zu vergessen, dass wir Gemeinschaft brauchen. Es gibt Tage, an denen einem die Decke auf den Kopf fällt und man nicht weiß, was los ist. Man versucht seine Probleme mit sich selbst auszumachen, dabei hilft es viel mehr, mit einer guten Freundin oder einem guten Freund zu sprechen und etwas anderes zu sehen als Fernseher, Couch und Partner*in (nichts für ungut). Neues zu erleben und sich mit Gleichgesinnten auszutauschen, ist mindestens genauso wichtig wie der Serienabend zu Hause.

Gemeinsam gemütlich genießen

Am besten schmeckt es in Gesellschaft. Hier findest du eines meiner Lieblingsrezepte für ein Abendessen mit Freund*innen.

Ofenreis mit dreierlei Topping

Basis Ofenreis für 6 Personen als Beilage oder für 3–4 Personen als Hauptgericht

400 g Reis
800 ml Wasser (Verhältnis Reis zu Wasser 1:2)
50 g Butter, zerlassen, oder Olivenöl (vegane Variante)
Salz und Pfeffer

1.) Heize den Backofen auf 230 °C Umluft vor.
2.) Fülle den Reis in eine ofenfeste Form, beträufle ihn mit der zerlassenen Butter
   (oder dem Olivenöl), würze kräftig mit Salz und Pfeffer und übergieße alles
   mit 800 ml kochendem Wasser.
3.) Decke die Form gut mit Alufolie ab (oder verwende eine Form mit passendem Deckel).
4.) Schiebe den Reis für 25 Minuten in den Ofen.
   Er sollte am Ende die gesamte Flüssigkeit aufgenommen haben.
5.) Lockere ihn etwas mit einer Gabel auf.

Mediterranes Topping

75 g Petersilie, gehackt
2 Zehen Knoblauch fürs Pesto
2 Zehen Knoblauch für
 die Tomaten
40 g Pinienkerne, geröstet
40 g Mandelblätter, geröstet
65 g Parmesan, gerieben,
 oder Hefeflocken
 (vegane Variante)
145 ml Olivenöl
Salz und Pfeffer
600 g Cherrytomaten

1.) Püriere Petersilie, Knoblauch, Pinienkerne,
   Mandelblätter, Parmesan (oder Hefeflocken) und
   100 ml Öl (mehr oder weniger, je nach Konsistenz)
   mit einem Pürierstab oder Mixer zu einem Pesto.
2.) Erhitze das restliche Öl in einer Pfanne. Drücke die
   übrigen Knoblauchzehen mit einem Messerrücken an
   und gib sie in die Pfanne.
3.) Gib die Tomaten hinzu und schmore sie für 3–4
   Minuten, bis die Haut beginnt aufzuspringen.
4.) Würze sie mit Meersalz und gib sie sofort mit dem
   Pesto über den Ofenreis.

Thai Topping

3–4 große Karotten
5 Knoblauchzehen, gehackt
$1/2$ Bund Frühlingszwiebeln
300 g Champignons
6 EL Sojasoße oder Tamari
3 EL Erdnussöl oder anderes Öl
$1/2$ Limette, ausgepresst
$1/2$ Tasse Apfelsaft
$1/2$ Tasse Erdnüsse, geröstet
Frischer Koriander, gehackt
Sesam, geröstet
Chiliflocken, nach Bedarf

1.) Schneide das Gemüse in feine Ringe, den
Knoblauch ruhig in etwas gröbere Würfel.
2.) Brate den Knoblauch mit dem Chili und den weißen
Teilen der Frühlingszwiebeln in etwas Erdnussöl
ca. eine Minute lang an.
Nimm alles heraus und stelle es beiseite.
3.) Brate die Karotten und Pilze mit dem restlichen Öl
kräftig an, sodass sie schön braun werden,
aber Biss behalten. Füge Sojasoße, die ausgepresste
Limette und den Apfelsaft hinzu. Gib Knoblauch
und Zwiebeln zurück in den Wok (oder die Pfanne).
Rühre alles kräftig durch.
4.) Verteile die Mischung gleichmäßig über den Reis
(inklusive Flüssigkeit im Wok) und gib anschließend
etwas Sesam, Erdnüsse und gehackten Koriander
darüber. Presse noch etwas Limettensaft über das
ganze Gericht.

Arabisches Topping

50 g grüne Oliven, entsteint
und in Scheiben geschnitten
Granatapfelkerne von
$1/2$ Granatapfel
50 g Walnüsse, grob gehackt
und geröstet
1 Knoblauchzehe, zerdrückt
Frischer Koriander, gehackt
1 TL Honig (Agavendicksaft,
vegane Variante)
Schafskäse, zerbröselt (optional)
Salz und Pfeffer

1.) Gib alles, bis auf Koriander und Schafskäse, in eine
Schüssel und mische die Zutaten gut durch.
Würze die Masse mit Salz und Pfeffer und
verteile sie über dem Ofenreis.
2.) Gib den Koriander und den Schafskäse oben drauf.

HERAUSFORDERUNG ANGENOMMEN

Im Umgang mit herausfordernden Situationen gibt es zwei Möglichkeiten: den berühmten Sprung ins kalte Wasser oder das langsame Hineintauchen des großen Zehs. Dann kommt der Fuß, anschließend geht man vorsichtig bis zur Wade und schließlich taucht man auch noch den Oberkörper ein. Damit habe ich das Gröbste geschafft und mein Kopf ist trocken geblieben. Jetzt heißt es, ruhig bleiben im kalten Wasser, auch wenn ich nicht weiß, wie weit es bis zum Grund ist. Überlegen ist ganz wichtig. Ich taste mich langsam weiter vor und lasse meine Ängste am Ufer zurück. Überwindung braucht Zeit, ist unbequem und macht keinen Spaß. Deswegen bleibe ich am liebsten auf dem trockenen warmen Sand liegen, ich drücke mich vor Herausforderungen und schiele aus sicherer Entfernung zu ihnen hinüber. Ich halte mich gerne dort auf, wo ich mich am wohlsten fühle. Dinge, Menschen und Situationen, die mir nicht geheuer sind, meide ich meist, obwohl ich eigentlich nichts gegen neue Dinge habe.

Die Metapher vom Sprung ins kalte Wasser ist im Grunde kein Sprung ins Unbekannte, sondern letztendlich nur eine Frage der Überwindung. Bei einem wirklichen Sprung ins kalte Wasser weiß ich ja, was mich erwartet: Es wird kurz kalt. Und gerade deshalb zögere ich – weil ich weiß, dass es unangenehm wird: der Zahnarzttermin, den ich seit Monaten aufschiebe, meine Steuererklärung oder ein ernstes Gespräch mit einer Freundin. Da genügt oft ein *Augen zu und durch*. Meistens reicht mir als Belohnung, es endlich hinter mich gebracht zu haben. Und wenn es mir besonders schwerfällt, besteche ich mich eben selbst und führe mich danach zum Essen aus oder kaufe mir eine neue Pflanze. Den letzten Ficus habe ich »Wurzelbehandlung« getauft.

Gefährlicher ist der Sprung in unbekannte Gewässer. Die Steuererklärung ist vielleicht ein Sprung vom Beckenrand in einen Pool. Den gut bezahlten Job zu kündigen und sich selbstständig zu machen, ist dagegen schon ein Köpfer in einen reißenden Fluss. Hier wird es nicht nur kurz kalt. Ich kann komplett die Orientierung verlieren, muss aus voller Kraft schwimmen. Was mir unter der Wasseroberfläche um die Beine streift, will ich gar nicht wissen. Was mache ich, wenn ich zu weit abtreibe oder das Ufer nicht erreiche?

Die Größe der Herausforderung ist für jeden Menschen anders: die eigene Existenzgründung, ein großer Auftritt vor Publikum oder die Panik vor einem wichtigen Vorstellungsgespräch. Manchmal kann sogar das Haus zu verlassen eine große Herausforderung sein. Was für mich ein Leichtes ist, ist vielleicht für eine Freundin eine unüberwindbare Aufgabe.

Deshalb gilt: geduldig mit sich und seinen Mitmenschen sein und den schlechten Horrorfilm im Kopfkino ausschalten. Natürlich laufen dort nur die Szenen, in denen alles schiefläuft. Man bekommt das serviert, wofür man bezahlt hat: Horror. Was sich zum Besseren und Positiven verändert, wird natürlich nicht gezeigt. Um aus der Gedankenschleife rauszukommen, habe ich heute einen Trick gegen das Kopfkino des Scheiterns: Ein Freund von mir wendet ihn bei seiner kleinen Tochter an, wenn sie Angst vor etwas hat: Er spielt mit ihr das Worst-Case-Szenario durch. Was ist das Schlimmste, das passieren kann? Meistens fällt mir nichts ein, wofür es nicht auch eine Lösung gäbe. Ich kann mich mit kleinen Schwimmzügen vorarbeiten und mich vor allem nicht selbst herunterziehen, sondern meine eigene sichernde Boje sein. Und das ist der Punkt: Niemand außer mir wird mich antreiben und mir sagen, was zu tun ist. Es ist meine freie Entscheidung. Und heute entscheide ich mich, zwei Zehen ins kalte Wasser zu tauchen.

HERAUSFORDERUNG ANGENOMMEN

»Lassen wir uns
nicht schrecken durch
die Ungunst äußerer
Umstände, haben wir
für alle Schwierigkeiten
nur eine Antwort:
Erst recht!«

Clara Zetkin, Politikerin

Die Kröte schlucken

Vielleicht kennst du das auch: Den ganzen Tag lang schiebst du eine schwere Aufgabe vor dir her und erledigst erst einmal die kleineren und leichteren Dinge. Auch wenn du gerade etwas abarbeitest, begleitet dich die ganze Zeit über das angespannte Gefühl, noch etwas Unangenehmes vor dir zu haben.
Meistens ist dieses Gefühl schlimmer als die Herausforderung selbst.

Also: Erledige die größte Herausforderung des Tages zuerst!

Nimm dir schon am Abend fest vor, die eine nervige Aufgabe zu erledigen, die du schon seit längerer Zeit aufschiebst.

Beginne am nächsten Morgen direkt mit dieser Aufgabe und lass dich nicht ablenken. »Nur mal kurz die E-Mails checken« bedeutet, schon wieder aufzuschieben.

Sei konzentriert und bleib bei der Sache, bis die Arbeit erledigt ist.

Oft ist es nicht so schlimm wie gedacht und schneller erledigt als angenommen. Nutze das gute und befreiende Gefühl, um dich nun auf die angenehmen Aufgaben zu konzentrieren.

ICH SELBST
SEIN

Meistens fällt mir gar nicht auf, wie viele top gestylte Menschen mich täglich von meinem Bildschirm aus anstarren. Ich scrolle in meinem ausgeleierten Pferdepulli durch perfekt retuschierte Fotos von jungen sportlichen Menschen mit großen weißen Zähnen und langen Beinen und versuche den Blickkontakt mit dem Schokoriegel neben mir zu vermeiden.

Jedem neuen Trend auf den sozialen Medien nachzueifern, kann zu einer Qual ausarten. Gerade wenn es um das Aussehen des eigenen Körpers geht. Auch wenn ich genau weiß, dass vieles nicht echt ist, komme ich um das Vergleichen nicht herum.

Trotzdem finde ich es seltsam, dass Vielfalt und Abwechslung eigentlich äußerst positiv besetzt sind, Monotonie und Wiederholung dagegen negativ behaftete Begriffe sind. Klar gefallen mir wiederkehrende Muster und Symmetrien, aber mein Blick bleibt oft an dem »Unperfekten« hängen, an den Ecken und Kanten, die den Menschen oft erst interessanter machen. Ein Leberfleck oder eine Narbe erzählen eine Geschichte, sie sind ein Alleinstellungsmerkmal und heben uns aus der Masse heraus.

Moden und Idealen zu folgen, heißt, sich anzupassen, sich von der Außenwelt formen zu lassen, anstatt selbst dazu beizutragen, seine Umwelt zu formen und mitzugestalten. In vielen Fällen heißt das nur, ein bestimmtes Kleidungsstück zu kaufen oder bestimmte Musik zu hören. Aber was ist, wenn mein Körper nicht dem entspricht, was gerade »in« ist? Ich muss nachhelfen, mich verleugnen. Obwohl meine Beine einfach Beine sind, denn sie bringen mich von A nach B,

»Das, was dich anders und seltsam macht, ist deine Stärke.«

Meryl Streep, Schauspielerin

fällt mir auf, dass sie zu kurz sind. Wenn ich einem Ideal hinterherhetze, dem ich sowieso nie entsprechen werde, ist das eine nie endende Geschichte: Soll ich mich weiter anpassen oder kapitulieren? Was denken die anderen über mich? Ist es normal, weil alle es tun? Gruppenzwang hat mich noch nie groß beeindruckt, aber so ganz kann ich mich ihm nicht entziehen. Auch wenn ich felsenfest behaupte, es sei mir egal, was andere über mich denken. So fühlte ich mich sehr geschmeichelt, als mich eine wildfremde Frau im Frankreichurlaub mit einer nicht unbekannten blonden Schauspielerin verglich. Als Freundinnen auf meine neue Hose, die ich ihnen stolz präsentierte, mit »geht gar nicht« reagierten, zog ich sie nicht ein einziges Mal mehr an. Also doch nicht so egal, was andere denken? Kann ich überhaupt sagen, was mir gefällt, und die Meinung der anderen ganz ignorieren? Nicht wirklich!

Deshalb achte ich bewusst darauf, mich nicht mehr permanent zu vergleichen. Ich versuche, nicht nur das Äußerliche an meinem Körper zu sehen, sondern auch die Leistung, die er jeden Tag erbringt:

Mir gefällt, wie sich meine Haare locken. Ich mag meine langen Wimpern und meine blauen Augen. Aber: Ich hatte weder auf meine Augenfarbe noch auf die Länge meiner Beine einen Einfluss. Keinen Gedanken verschwende ich darauf, wie viel meine Hände in ihrem Leben schon getragen haben, wie weit ich auf meinen zwei Beinen laufen kann, wie laut ich lachen kann. Während ich mich also frage, ob meine Zähne weiß genug sind, hat mein Herz über eine Milliarde Mal geschlagen.

Mein Körper ist mein Motor, er leistet täglich ziemlich außergewöhnliche Dinge und ich habe nichts Besseres zu tun, als mich für sein Äußeres zu schämen.

Natürlich spielt sich der Wunsch nach Anerkennung in meinem Kopf ab. Wir alle sind von den Strukturen und Einflüssen der Gesellschaft, in der wir leben, geprägt und meine einwandfrei funktionierende Bauchspeicheldrüse ändert nichts an einem negativen Selbstbild. Jedoch versuche ich eine wertschätzendere Beziehung zu meinem Körper aufzubauen, indem ich mir in Erinnerung rufe, wie viel er leistet, ohne sich zu beschweren. Meistens erachte ich es als eine Selbstverständlichkeit, bis mir mal etwas wehtut.

Die Wertschätzung und Liebe zum eigenen Körper fängt bei einem selbst an: Wenn man sich wohlfühlt, merkt es auch die Umwelt. Man macht sich schön für sich selbst, obwohl man nur kurz zum Kiosk geht. Man legt Lippenstift auf und zieht das Oberteil für den „besonderen Anlass", den es sowieso nie gibt, einfach im Home Office an.

TOP

Platz für dein Foto im Lieblingsoutfit

Immer noch
TOP

Platz für dein Foto – ungestyled

Rahme es ein! Die Vorlage zum Ausdrucken findest du auf www.knesebeck-verlag.de.

JA!

JA und NEIN sind die eindeutigsten und einfachsten Sätze, das *Ganz* oder *Gar nicht* im Leben. Vielleicht haben sie sogar die einschneidendsten Konsequenzen: JA zum Zusammenziehen, zu mehr Zeit für mich, zur lang geplanten Reise. JA zum Hier und Jetzt.

Früher fiel es mir sehr schwer, so klar und deutlich JA zu sagen. Ich haderte und sagte lieber »vielleicht«. Die Tage zogen vorüber, um mich herum brausten alle ihren JAs hinterher ins Leben. Doch ich blieb und versteckte mich hinter meinem »Vielleicht«. JA ist der Weg nach vorne, er erfordert Mut und ist mit Veränderung verbunden, deren Auswirkungen oft ungewiss sind. Es ist der erste Schritt aus der wohligen Komfortzone, dem magischen Ort, an dem mir nichts passieren kann und an dem es mir immer gut geht – meinem wichtigsten Refugium: Hier trinke ich eine Tasse Tee, lese ein Buch, komme zur Ruhe. Hier bin ich kreativ und unbeobachtet, finde Zeit für mich selbst. Und das Wichtigste: Niemand darf eintreten, weil alle ihre eigene Komfortzone haben, mit anderen Kissen und Teesorten. Meine ist zwar klasse, aber ich weiß auch, dass mein dortiger Aufenthalt endlich ist. Bleibe ich zu lange, verändert sich nichts, denn dort herrscht absoluter Stillstand. Doch ich will mich weiterentwickeln. Neues sehen und erleben. Und das geht nur mit einem JA zum Unbekannten.

Dann ist mein JA die Flucht nach vorne, um die eigenen Ängste zu überwinden. Denn viel zu oft überzeuge ich mich selbst, dass ich den tollen neuen Job oder die schöne Wohnung mit Dachterrasse gar nicht brauche, weil das Neue mit Risiko und Aufwand verbunden ist. Das Gewohnte ist doch auch ganz schön. Und so bequem. »Nee, lieber nicht«, murmle ich abends in meine wohlig weiche Decke. Aber

> # »Mut brüllt nicht immer nur. Mut kann auch die leise Stimme am Ende des Tages sein, die sagt: Morgen versuche ich es noch mal.«

Mary Anne Radmacher, Schriftstellerin

dann schlafe ich doch nicht so unbekümmert ein, weil das JA mein Herz höher schlagen lässt und Abenteuer verheißt. Wie oft habe ich etwas Neues gewagt und eine wunderbare Erfahrung gemacht? Ein JA-Moment kann selten und flüchtig sein.

Deshalb betrachte ich meine Komfortzone als Kurzurlaub, den ich mir von Zeit zu Zeit nehmen kann, aber nicht überstrapazieren darf. Wenn sich also eine Möglichkeit auftut, JA zu sagen, und ich mich damit schwertue, stelle ich mir folgende Fragen:

Was habe ich in der Vergangenheit verpasst, als ich NEIN gesagt habe? Was bereue ich? Welche JAs haben mein Leben positiv verändert oder beeinflusst? Was war damals der Anlass, JA zu sagen?

Manchmal hilft es, vergangene Entscheidungen zu reflektieren, so kann ich klarer beurteilen, wie sie mein Leben beeinflusst haben. Natürlich habe ich auch JA zu Dingen gesagt, zu denen ich schon viel früher hätte NEIN sagen sollen: zu falschen Freund*innen oder Partner*innen, zu diesen furchtbaren grünen Lackstiefeletten! Aber auch sie haben mich zu dem Menschen gemacht, der ich heute bin. Durch sie kenne ich meine Grenzen und Prioritäten. Und die Fotos von mir in den Stiefeletten erheitern heute meinen Freundeskreis.

Also: JA zu neuen Erfahrungen!

freue mich, wenn du direkt hier loslegst! Zum Ausdrucken, Ausmalen und Zu-Hause-Aufhängen findest du dein JA aber auch auf www.knesebeck-verlag.de.

KOFFER PACKEN

Ich packe meinen Koffer und nehme mit: zwei Bücher, natürlich meinen Laptop, zur Sicherheit zwei Netzteile, Snacks, zwei warme Hosen, drei warme Pullis, einen Badeanzug und zwei Bikinis, Socken und Unterwäsche und natürlich mein Reisekissen …

Brauche ich das Glitzerkleid wirklich? Dann müssten aber auch die passenden Schuhe mit. Doch ich habe schon drei Paar eingepackt! Seufzend werfe ich einen Blick auf die Reisetasche, die unter all den absolut notwendigen Dingen fast nicht mehr zu sehen ist. Plötzlich bewegt sich meine Regenjacke. Ach so! Mein Kater will also auch noch mit.

Dann kann ich ja direkt meinen ganzen Hausstand einpacken! Geht es aber beim Reisen nicht darum, endlich den durchgeplanten Alltag loszulassen? Nicht auf alles vorbereitet zu sein?

Eine Reise setzt sich aus folgenden Grundzutaten zusammen: die Anreise, die Unterkunft, das Zielland, seine Kultur und Sehenswürdigkeiten, das Essen, die Sprache und die Menschen und der Weg zurück.

Ich bin schon mit verschiedenen Fortbewegungsmitteln verreist und komme immer wieder zu folgender Erkenntnis: Die Reise beginnt nicht etwa mit dem Ankommen am Ziel, sondern mit der ins Schloss fallenden Wohnungstür. Ich erinnere mich tatsächlich kaum an Fahrten, die reibungslos und angenehm verlaufen wären, obwohl es sie natürlich gab: Das Gepäckband am Flughafen spuckte nach fünf Minuten meinen Koffer aus, ich checkte frisch und ausgeruht im Hotel ein und saß eine halbe Stunde später mit einem Kaltgetränk am Pool. Aber ich erinnere mich kaum an Einzelheiten dieses Urlaubs, außer dass es entspannt und angenehm war. Auch mal schön.

An den Triathlon mit meiner Familie zum Flughafen erinnere ich mich dafür in allen lebhaften Einzelheiten. Wer hätte gedacht, dass wir sprintend, Gepäckwagen fahrend und auf drei Sprachen gleichzeitig schreiend, gerade noch rechtzeitig an der angespannt lächelnden Flugbegleiterin vorbei schlittern würden?

Es gab Reisen, bei denen ich im Zielland ankam und zwar durchaus auf Einheimische und ihre Kultur traf, jedoch blieben meine Freund*innen und ich meistens unter uns oder liefen nur die Touristenattraktionen an. Nach einigen stressigen Kurztrips, bei denen ich eine Sehenswürdigkeit nach der nächsten jagte und abends um acht Uhr erschöpft ins Hotelbett fiel, beschloss ich, etwas zu ändern. Auf den nächsten Kurzreisen suchte ich nur ein Ziel am Tag aus und ging lieber abseits der Touristenpfade auf Erkundung. Nichts macht die Touristin stolzer, als zu Hause erzählen zu können, sie hätte *den* einen Geheimtipp entdeckt. Dass in »dem charmanten und sehr authentischen Café« jeden Tag Dutzende Tourist*innen dieselbe Entdeckung machen, muss ja keiner wissen.

Es geht nichts über eine 36-stündige Zugfahrt im Schlafwagen nach Osteuropa, um die interessantesten und angenehmsten Menschen und Kulturen kennenzulernen. Fremde werden nach wenigen Minuten zu Freund*innen, ein älterer Mann holt seine Gitarre heraus und singt lauthals ein Liebeslied für seine Freundin daheim, zwei Frauen und ein Mann stimmen mit ein. Drei polnische Frauen und eine deutsche spielen zusammen Karten. Sprachbarrieren existieren kaum – jemand erzählt von seiner Reise auf Englisch, während ihm seine Sitznachbarin auf Russisch Fragen stellt. Ab und zu kommt eine ältere Dame mit einem Teewagen vorbei, eine Mutter verteilt Gebäck an ihre zwei Kinder und den Studenten neben ihr.

Warum verreist du? Um zu sehen, wie andere Menschen leben, um neue Sprachen und Kulturen kennenzulernen, neue Gerichte zu probieren, andere Klimazonen und Landschaften zu bewundern oder einfach nur, um mal von zu Hause wegzukommen?

Reisen verändert und erweitert den eigenen Horizont, auch wenn man nur in die Nachbarstadt reist. Vielleicht kehrt man selbstbewusster, aufgeschlossener und voller neuer Eindrücke nach Hause zurück. Das Beste am Verreisen ist, dass es zum Kühlschrankmagneten neue Erfahrungen umsonst dazu gibt.

KOFFER PACKEN

»Die Fremde ist herrlich, solange es eine Heimat gibt, die wartet.«

Erika Mann, Schauspielerin, Kabarettistin,
Schriftstellerin und Lektorin

Spielend unterwegs

Immer dabei: ein Spiel für lange & kurze Reisen und eine Tasche!
Perfekt für eine kleine Auszeit zwischendurch.

Werkzeug und Material für ein Backgammon-Spiel to go:

- eine helle Stofftasche
- 2–3 unterschiedliche Textilfarben (+ feiner Pinsel)
  oder Textilstifte
- eine Möglichkeit zum Drucken
- das Spielfeld zum Ausdrucken unter: www.knesebeck-verlag.de

Für die Spielfiguren:

2 Würfel
15 Steine in einer Farbe
15 Steine in einer anderen Farbe
Du kannst die Steine aus Modelliermasse oder Holz
selbst machen oder einfach Kieselsteine, Bohnen oder Knöpfe verwenden.

So wird's gemacht:

- Lege den Vordruck des Spielfeldes mittig in die Stofftasche und klebe ihn mit etwas Klebeband an den Seiten gut fest, sodass er nicht verrutscht.

- Falls das Spielfeld nicht gut genug durchscheint, kannst du die Tasche an ein Fenster legen und alle Konturen mit einem Bleistift leicht nachziehen.

- Die Zeichnung wird gleichmäßiger, wenn du mit Textilfarbe und einem feinen Pinsel arbeitest. Male vorsichtig die verschiedenen Felder aus. Keine Sorge, falls die Ränder unsauber werden!

- Lass die Farbe gut trocknen und fahre die Konturen (und optional das Logo) mit einem dunkleren Textilstift nach.

- Wenn du magst, kannst du auch die Fläche in der Mitte mit einer dritten Farbe ausfüllen.

- Und fertig! Designer-Bag und Spielfeld in einem.

LOBEN LERNEN

Ein Lob geht noch weiter als ein Kompliment: Es ist Anerkennung, Vertrauen und Wertschätzung von meinem oder an mein Gegenüber.

Ich habe früh gelernt, nicht nach Lob zu angeln, und wäre auch nie auf die Idee kommen, mich selbst zu loben, denn Eigenlob stinkt ja bekanntlich. Ich bin immer meine schärfste Kritikerin und erwarte das auch von meinen Mitmenschen. Ich will meine Arbeit schneller und effektiver erledigen, dabei immer gut gelaunt sein, gut aussehen, lächeln, die perfekte Freundin sein, für die Familie da sein, den Haushalt organisieren und regelmäßig Sport treiben. Wenn dann jemand sagt, wie gut ich alles im Griff hätte, laufe ich rot an und schweige betreten. In einer Welt voller Konkurrenz trifft mich ein Lob meist unvorbereitet. Mit Kritik von außen kann ich umgehen und mit Selbstkritik sowieso, aber Selbstlob? »Das habe ich heute richtig gut gemacht« laut auszusprechen, ist mir irgendwie unangenehm. Mir wurde beigebracht, nett und bescheiden zu bleiben und lieber meine Taten für mich sprechen zu lassen.

Das ist ja alles schön und gut, aber wann habe ich eigentlich nach einem Erfolg das letzte Mal innegehalten? Nach einem abgeschlossenen Projekt nicht schon ans nächste gedacht? Auf die Frage, was ich an mir schätze, fallen mir nach langem Überlegen vielleicht ein paar Dinge ein. Ellenlang ist dafür die Liste mit Dingen, die mir nicht an mir gefallen. Es dauerte lange, bis mir klar wurde, dass ein Großteil meiner Unzufriedenheit von innen kommt. Die lauteste und nervigste Stimme, die meckerte, war stets meine eigene. Also beschloss ich, meiner Selbstkritikerin die Freundschaft zu kündigen. Sie hat mir lange genug die Laune verdorben und mich unnötig gebremst.

># »Ein hübsches Kompliment ist wie ein Sandwich: zwischen zwei Alltäglichkeiten etwas Besonderes.«

Marlene Dietrich, Schauspielerin und Sängerin

Es war ein langer Prozess, aber irgendwann traute ich mich, leise zu murmeln: »Das habe ich heute richtig gut gemacht.« Ich schnupperte verlegen – von unangenehmen Gerüchen keine Spur! Eigenlob lehrt mich, meine Erfolge anzunehmen. Ich darf Kraft sammeln und innehalten. Zu sagen »Meine Haare liegen heute schön«, macht mich nicht zur Angeberin, und ein selbstbewusstes »Ich bin stark und mutig!« hilft mir, es auch zu sein. Selbst wenn ich es nur sage, wenn mich keiner hört, hat Eigenlob mich gelehrt, Komplimente und Lob von anderen anzunehmen. Öffentliche Anerkennung, die mir früher unangenehm war, kann ich heute wertschätzen. Aber das hat gedauert. Wenn eine Freundin meine Zeichnung bewunderte, entgegnete ich oft: »Na ja, ich mache das auch schon länger!« Das stimmt auch, jedoch wollte ich damit meine Leistung schmälern, um bescheiden zu bleiben. Das schien mir die höfliche Antwort. Heute antworte ich mit einem einfachen und ehrlichen »Danke« und vertraue somit auch dem Urteilsvermögen meines Gegenübers, das nicht gleich bereut, eine Nettigkeit ausgesprochen zu haben, weil ich unnötig stammle und rot werde. Der beste Nebeneffekt ist, dass ich jetzt selbst viel lieber Lob ausspreche. Die schönste Art, jemanden anzuerkennen, ist, es ehrlich und in der richtigen Situation zu sagen, »Deine Hose gefällt mir richtig gut«, »Ich bewundere dein Durchhaltevermögen« oder das gute alte: »Das hast du echt gut gemacht«. Ich beschäftige mich gerne mit mir, aber es tut auch gut, seine Aufmerksamkeit ganz seinen Mitmenschen zu schenken.

Lobeshymnen

Wofür würdest du dich selbst loben?

-
-
-

Welche Komplimente würdest du gerne mal hören?
(Von Eltern, Freund*innen, Partner oder Partnerin ...)

-
-
-

Lobeshymne: drei Namen, drei Komplimente an
Freund*innen, Familie, Eltern, Partner oder Partnerin ...

	Kompliment	Kompliment	Kompliment
Namen			

Was sind die schönsten Komplimente, die du je bekommen hast?

- Ich fange an: Du hast wunderschöne Ohrläppchen!
-
-

ENTSPANNTER MORGEN

Das Schönste am Aufstehen ist, dass man sich gleich danach wieder ins Bett legen kann. Herausgefunden habe ich das durch einen (un-)glücklichen Zufall. Es ist nämlich nicht allzu lange her, da war mein Start in den Tag das Gegenteil von entspannt: Jeden Morgen riss mich das laute Klingeln meines Smartphone-Weckers unsanft aus meinen Träumen. Ich sprang wie von der Tarantel gestochen auf, um mir T-Shirt, Jeans, Socken und Schuhe anzuziehen, während ich mir hastig die Zähne putzte. An Kaffee, geschweige denn Frühstück, war nicht zu denken, während ich innerhalb von zehn Minuten aus der Haustür wirbelte und den letzten Versuch aufgab, meine Haare zu bändigen. Dieses Morgenritual vollzog ich auf eine ähnliche Art und Weise seit dem Urknall und hätte es vermutlich auch bis in die Ewigkeit genauso durchgezogen – hätte ich nicht eines schicksalhaften Tages mein Smartphone zerstört (die ganze Geschichte dazu bei O wie Offline).

Als es nach der Reparatur wieder bei mir ankam, stellte ich meinen Wecker aus Versehen um eine ganze Stunde zu früh. Am nächsten Morgen wirbelte ich routiniert und nichts Böses ahnend durch das Schlafzimmer, als ich plötzlich wie vom Donner gerührt auf die große Katzenuhr neben meinem Schrank starrte. Verwirrt kontrollierte ich noch mal mein Handy-Display. Ich hatte tatsächlich noch *eine ganze Stunde und fünf Minuten* Zeit! Nach meiner anfänglichen Genervtheit – immerhin hatte ich mich gerade selbst um eine Stunde Schlaf gebracht, fing ich an, die Tragweite der neuen Situation zu begreifen: Es war, als ob ich in der Zeit zurück gereist wäre. Ahh! KAFFEE! Ich stolperte aufgeregt in die Küche, wartete geduldig auf die Maschine,

ENTPSANNTER MORGEN

»Es ist gut zu wissen, dass man eigentlich alles machen kann. Man muss nur damit anfangen.«

Julie Deane, Unternehmerin

ließ den Kaffee durchlaufen und tat das einzige Vernünftige: Ich ging wieder zurück ins Bett.

Aber nicht etwa, um den verlorenen Schlaf nachzuholen, sondern um es mir gemütlich zu machen und endlich mal herauszufinden, was dieses Entspannt-den-Morgen-beginnen eigentlich ist. Ich schlüpfte wieder unter die Decke und bemerkte, wie die Morgensonne schöne Lichtpflanzen auf die Kissen malte. Ich hörte die Blätter der alten Platanen hinter meinem Fenster leise rascheln. »Wie bin ich nur an diesem merkwürdigen und schönen Ort gelandet?«, fragte ich mich, während ich ein paar Schlückchen meines Kaffees schlürfte.

Seitdem wage ich es nicht, den Wecker jemals wieder zu verstellen. Auch heute bin ich ohne Stress aufgewacht und höre die Vögel zwitschern – das fiel mir früher nie auf. Ich schleiche voller Vorfreude in die Küche und mache es mir, wie in den letzten Wochen auch, mit meinem Kaffeebecher wieder im Bett gemütlich. Seit meiner Zeitumstellung hat sich mein Morgenritual noch etwas verfeinert: Ich trinke meinen Kaffee und mache mir dabei entspannt einen Plan, was ich heute noch erledigen will. Dafür habe ich keine To-do-Liste, sondern mein schön eingebundenes Büchlein.

Ein ganzes To-do-Buch klingt zunächst gruseliger als eine Liste, ist aber alles andere als eine Aneinanderreihung von Verpflichtungen, sondern eher eine Sammlung von Erinnerungen (mit eingeschobenen Verpflichtungen). Ich erinnere mich nicht nur ans Wäschemachen, auch der schöne Ausflug ins Grüne wird festgehalten. Meine Listen sind auch mal Kunstwerke, Kritzeleien, Korrekturen und natürlich Kaffeeflecken. Sie sind mal kürzer oder länger und passen sich meinem Tag einfach an. Und nicht umgekehrt.

Mein Tag besteht nicht nur aus Arbeit, sondern auch aus Vergnügen. So hake ich auch die kleinen, aber wichtigen und schönen Dinge ab.

Ich blättere eine neue Seite auf:

● Im Bett Kaffee trinken
○ aufstehen
○

Der Tag kann beginnen.

Buch führen

Schaffe dir einen ganz besonderen Ort für deine
Erinnerungen, Termine und schönen Momente.

Ein Bullet Journal ist Tagebuch, To-do-Liste und Kalender in einem.
Du kannst dir eines mit linierten, karierten oder mit Blanko-Seiten aussuchen.
Ich benutze ein DIN A5 Notizbuch mit Punktraster und Hardcover.

Arbeite mit verschiedenen Symbolen für angefangene und erledigte Aufgaben,
Geburtstage, wichtige Termine usw.

Die erste Seite deines neuen Bullet Journals besteht meistens aus einem »Key«,
einer Legende mit deinen eigenen Symbolen:

Key-Beispiel

O Aufgabe
● erledigt
⊘ migriert (z. B. verschoben auf morgen oder nächste Woche)
⊗ abgesagt oder verworfen
△ Termin
⊔ Geburtstag
! wichtig (platziert vor einem Symbol)
– Notiz

Überlege dir ein Layout für einzelne Tage mit genügend
Platz für Ideen, Skizzen, Sticker, Erinnerungen usw.

Wenn du für eine ganze Woche vorzeichnen möchtest, hast du es mit einem Mal erledigt, aber dir steht auch nur begrenzter Platz für jeden Tag zur Verfügung. Teile eine Doppelseite durch drei und den letzten Abschnitt noch einmal durch zwei für sieben Felder:

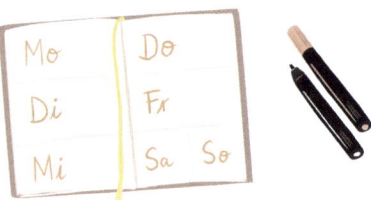

Wenn du jeden Tag neu gestaltest, ist es etwas aufwendiger, aber du bist auch flexibler:

Noch mehr Inspirationen:

- Du kannst jeden Monat eine Kalenderübersicht einfügen, um wichtige Termine nicht zu vergessen.

- Klebe z. B. die Ausmalseite von J wie ... Ja ein (S. 65)

- oder führe einen Mood-Tracker für jeden Monat wie bei T wie ... Trauer und Trost (S.122)

- Lass ein bisschen Platz für Fotos frei und drucke deine liebsten Fotos am Ende der Woche klein aus und klebe sie ein (bevor sie für immer in deinem Smartphone verschwinden).

NEIN SAGEN

NEIN und JA sind die eindeutigsten und einfachsten Sätze (siehe J wie Ja!). Ein lautes, entschiedenes JA und ein verhaltenes »Ja, okay« sind jedoch ziemlich unterschiedlich. Und ich sage eher »Ja, okay«.

»Na klar helfe ich der Freundin deiner Mutter beim Streichen!« Später ärgere ich mich und bin unzufrieden. Ich erkläre zwar mein Einverständnis, aber ich bin nicht mit ganzem Herzen bei der Sache. Und eigentlich habe ich gar keine Lust, an einem Samstag bei bestem Wetter in der Wohnung zu sein und zu arbeiten. Wenn ich es mir am Abend noch einmal durch den Kopf gehen lasse, bin ich bei vielen Dingen, denen ich zugestimmt habe, natürlich auch nicht vollkommen dagegen. Es gibt verschiedene Gründe zuzustimmen: einer Freundin einen Gefallen tun, für die Schwester da sein, einer Arbeitskollegin aushelfen, nicht unangenehm auffallen. Oder einer meiner Lieblingsgründe: den Weg des geringeren Widerstands gehen.

Meist erwische ich mich bei dem Gedanken: »Ich kann meiner Freundin nicht absagen, sie ist schließlich auch immer für mich da.« Und: »Natürlich kann ich meiner Mutter den Gefallen nicht abschlagen, die Familie kommt immer zuerst.« Aber umgekehrt haben meine Mutter und meine Freundin auch großes Verständnis für mich. Ich kann ihnen ehrlich erklären, warum ich gerade Nein sage, ohne Angst haben zu müssen, ihre Gefühle zu verletzen. Dennoch sage ich nur ab, wenn es wirklich nicht anders geht.

Noch viel schwieriger ist es mit dem Neinsagen im Beruf. Da kann ich auf keinen Fall Nein sagen – »Es geht schließlich um meine Karriere!« Oft hatte ich es auch

»Aufhören können, das ist nicht eine Schwäche, das ist eine Stärke.«

Ingeborg Bachmann, Schriftstellerin

gar nicht in der Hand, einfach Nein zu sagen, da bestimmte Dinge von mir erwartet wurden. Bei einem früheren Job, der mir schon von vornherein nicht gefiel, wollte ich nach einiger Zeit einfach zu allem Nein sagen und konnte nicht. Ich ging zu Bett und mir graute es schon vor dem nächsten Tag. *Den Morgen entspannt angehen* konnte ich vergessen, weil meine Gedanken nur darum kreisten, wie ich den bevorstehenden Arbeitstag am schnellsten hinter mich bringen könnte. So vergingen Woche für Woche und Monat für Monat. Ich war nur noch schlecht gelaunt und fühlte mich ausgebrannt. Als keine wirkliche Veränderung in Sicht war, entschloss ich mich an einem sehr schönen und sonnigen Tag, den ich mal wieder nicht genießen konnte, weil ich Überstunden machen musste, endlich zum befreiendsten NEIN meines Lebens. Dieses NEIN schätze ich bis heute sehr, denn es hat mich gelehrt, auf mein schlechtes Bauchgefühl zu hören und den Mut zur Veränderung aufzubringen.

Meine Position zu dem wohl schlimmsten Job aller Zeiten war von vornherein klar, aber wie ist es mit all den Fällen im Graubereich zwischen Ja und Nein? Das berühmte Jein? Vor allem bei der Frage »Soll ich heute Abend auf die Party gehen?« reizte ich früher das Jein bis zum bitteren Ende aus. Es wurde immer später, ich musste mich langsam fertig machen, aber das Sofa war sehr gemütlich und draußen war es kalt und ich wollte eigentlich nicht spät nach Hause und so weiter und so fort. Eigentlich ist die Antwort in solchen Fällen klar. Aber die Angst, etwas zu verpassen, zu kurz zu kommen, das Leben nicht gänzlich auszukosten – kurz: FOMO (engl. *Fear Of Missing Out*) –, bedeutet das Gegenteil von Zufriedenheit. Wenn sich heute dieses Gefühl auftut, versuche ich herauszufinden, ob ich wirklich schon zu viele Abende zu Hause verbracht habe oder ob ich befürchte, dass meine

Freund*innen einen unterhaltsamen Abend ohne mich erleben könn-
ten und ich außen vor bleibe. Wenn ich vor einer Woche oder erst
gestern unterwegs war, dann ist es kein Wunder, dass ich heute lieber
zu Hause bleiben will.

Ein NEIN ist oft schwer über die Lippen zu bringen, mit einem
NEIN ecke ich an oder mache mich unbeliebt. Ich habe Angst zu ent-
täuschen. Hinter einem NEIN droht auch die Gefahr des Verlustes
oder des Ausschlusses. Sage ich NEIN, bin ich erst einmal außen vor.

Ein NEIN kann mir aber auch den Rücken freihalten und eine Last
von den Schultern nehmen. Ein NEIN zeigt mir und meinen Mitmenschen meine Grenzen auf. UND: Es lehrt mich, auch das NEIN meines Gegenübers zu respektieren. Ein NEIN lehrt mich viel über meine
Prioritäten im Leben. Ein NEIN ist auch einfach das Gefühl: Da habe
ich wirklich keine Lust drauf. Und NEIN, ich werde mich jetzt nicht
dafür entschuldigen.

Effektiv NEIN sagen

Anstelle eines harten NEINs schwäche ich es zum Beispiel in einem beruflichen Kontext gerne ab: »Danke für das Angebot, es hört sich wirklich spannend an, leider habe ich zurzeit jedoch nicht die Kapazität, das Projekt wahrzunehmen.«

»Lass mich auf meinen Kalender schauen« schwächt ein hartes NEIN ab und lässt mir den Spielraum, die Aktivität auf einen späteren Zeitpunkt zu verschieben (wenn ich es auch wirklich machen will, andernfalls droht Verschleppungsgefahr). Es ist ein vorläufiges Nein, das mir ein bisschen Bedenkzeit verschafft. Und damit besser als ein voreiliges Ja.

Ich werde mir über meine Prioritäten klar und illustriere die Zeit, die ich für einzelne Aufgaben brauche. Dies ist beruflich wie privat eine gute Methode, meinen Mitmenschen klarzumachen, dass meine Zeit für ihre Anfragen nicht ausreicht und es mir wichtig ist, mich auf meine Aufgaben zu konzentrieren: »Ich würde dir gerne helfen, aber ich habe heute eine wichtige Abgabe und muss dafür noch Folgendes erledigen: ... «

Ich schlage jemand anderen vor: »Ich glaube, meine gute Freundin/Arbeitskollegin etc. könnte dich dabei auch unterstützen. Frage sie doch, ob sie verfügbar ist.«

Oft ist die Person, die Hilfe braucht, nicht auf eine Person festgelegt, solange sie Hilfe bekommt. Jemand anderes könnte interessierter oder besser geeignet sein. Ich fordere mein Gegenüber respektvoll auf, die Verfügbarkeit der vorgeschlagenen Person zu überprüfen, da ich keine Arbeit auf sie abwälzen möchte.

Es ist leichter, NEIN zu sagen, wenn ich mein JA kenne.
Was sind meine wirklichen Prioritäten? Welche Veranstaltungen sind mir wichtig?
Wann brauche ich eine Auszeit?
Verdeutliche es dir auf S.15 bei B... wie Balance finden.

Wenn ich auf diese Fragen klare Antworten habe, geht ein NEIN schon leichter über die Lippen.

OFFLINE GEHEN

Der Tag lief bisher eigentlich ganz gut: Es war erst früher Nachmittag und ich hatte mich schon recht erfolgreich durch die To-do-Liste gearbeitet, Job und Hausarbeit waren für diesen Tag erledigt und ich ging guter Laune aus dem Supermarkt. Beschwingt lief ich den kurzen Weg nach Hause, in jeder Hand eine volle Einkaufstasche, den Schlüssel zwischen die Lippen geklemmt, mein Smartphone wippte in der geöffneten Jackentasche.

Eine falsche Bewegung genügte. Mein Blut gefror in den Adern, als ich merkte, was gerade passiert war: Mit einem dramatisch leisen Klackern verabschiedete sich die viereckige Verlängerung meines Arms und kam mit dem Bildschirm nach unten auf dem Asphalt zum Liegen. Ich setzte meine Taschen ab und betete zur WLAN-Göttin, dass dem Gerät doch bitte nichts passiert sein möge. Bitte, bitte, bitte! Vorsichtig drehte ich es um: Das Display bestand aus einem hübschen Glasmosaik. Fluchend steckte ich es zurück in dieselbe geöffnete Jackentasche (jetzt war es auch egal) und stapfte missmutig nach Hause.

Verlegen schob ich die Überreste meines Smartphones über die Theke des Reparaturservices. »Können Sie in einer Woche abholen«, sagte der nette Mann, nachdem er mir eine beträchtliche Summe abknöpfte. »Alles kaputt«, sagte er entschuldigend und schob mir die winzige SIM-Karte zu.

Eine Stunde später durchwühlte ich methodisch die alten Kisten auf dem Dachboden meiner Eltern. »Ich hab's!«, schrie ich triumphierend aus einer besonders großen Kiste mit meinem alten Zeug und hielt mein erstes (oder war es das zweite?) Handy stolz in die Luft. Es

verfügte über fünfzehn immer noch voll funktionsfähige Wahltasten, ein kleines Display und war im Vergleich zu meinem kaputten Gerät ziemlich robust. Was will man mehr? »Wenn mir das Teil herunterfällt, muss sich sogar der Asphaltboden in Acht nehmen«, dachte ich glücklich.

Zu Hause angekommen, stöpselte ich die potenzielle Mordwaffe an das antike Ladegerät und wartete auf den vertrauten Willkommenston, der mich kurz zurück in meine Teenagerzeit katapultierte. Das Display zeigte ganze acht Pixel, die sich zu einem Sonnenuntergang mit einer kleinen Palme formten. Das war's. Es gab keine unbeantworteten WhatsApp-Nachrichten oder E-Mails. Keine Shopping-Apps, keinen Kalender, kein Instagram. Dafür gab es ein Telefonbuch und meinen unangefochtenen Rekord bei »Snake II«.

Als ich am nächsten Morgen von meinem alten Radiowecker geweckt wurde, griff ich, etwas verwirrt durch das ungewohnte Geräusch, aber dennoch routiniert nach meinem Smartphone und fand das seltsame kleine Plastikteil in meiner Hand. Ach ja, da war was. Es war Wochenende und normalerweise verbachte ich eine halbe Stunde im Bett auf Instagram oder beantwortete die unzähligen Nachrichten in meinen unzähligeren WhatsApp-Gruppenchats. Das ging nicht mehr. Ich sank zurück in die Kissen und hörte der Radiomusik zu. »Wie früher«, dachte ich.

Mit dem unguten Gefühl, von der Außenwelt abgeschnitten zu sein, schlurfte ich in die Küche und holte die Pfanne heraus. Wie ging noch das eine Pfannkuchenrezept? Ich durchsuchte den Raum nach meinem Smartphone ... Ach ja! Mal eben etwas online nachzusehen, ging auch nicht mehr. Ich zog eines meiner zahlreichen angestaubten Kochbücher aus dem Regal. Es ist einfach schneller, online nachzuschauen, wie die genaue Rezeptur von Pfannkuchen ist. Der Trick mit dem »Eins zu zwei zu drei« fiel mir ein. Aber welche Zutat war noch mal eins? Ich stöberte das Buch durch und freute mich über die verschiedenen Rezepte, markierte einige, die ich später ausprobieren wollte, und fand auch ein sehr ansprechendes Pfannkuchenrezept.

Je mehr Tage verstrichen, desto klarer wurde mir, wie abhängig ich von meinem Smartphone war und wie sehr ich die Zerstreuung

»Dass uns eine Sache fehlt, sollte uns nicht davon abhalten, alles andere zu genießen.«

Jane Austen, Schriftstellerin

durch die Apps brauchte. Wenn ich auch nur eine Minute in der Schlange stand, war mein erster Instinkt, meine E-Mails zu checken. Ich schaffte es in den ersten Tagen ohne Smartphone nicht einmal, einen ganzen Film anzuschauen, ohne das Gefühl zu haben, in den ruhigeren Szenen eine App öffnen zu müssen.

Die Abwesenheit meines Mobilgeräts zwang mich, im »Hier und Jetzt« zu sein. Ich konnte den Sonnenuntergang genießen, ohne ihn durch eine Kameralinse zu betrachten. Ich erledigte meine Arbeit schneller, weil ich E-Mails nur noch am Laptop beantwortete und nicht ständig von der Vibration meiner Nachrichten abgelenkt wurde. Ich rief Freunde einfach an, wenn ich sie treffen wollte, denn T9 geht echt auf die Fingergelenke. Ich war nicht mehr 24/7 erreichbar.

Mein Stresslevel senkte sich merklich. Vor allem hatte ich mehr Zeit. Einfach nichts zu tun beim Warten in der Schlange, beim Zugfahren, keine Musik mehr auf den Ohren, keine Sprachnachrichten. Ich konnte meine Umwelt wieder stärker wahrnehmen und meine Gedanken umherschweifen lassen. Wann hatte ich das letzte Mal so viel Langeweile? Herrlich.

Wie versprochen nahm ich eine Woche später, ein bisschen nervös, mein wieder komplett hergestelltes Smartphone entgegen. »Ist wie neu«, sagte der Smartphone-Doktor. »Danke«, sagte ich und ließ es mit einer schon lange einstudierten Handbewegung in meine Tasche gleiten. Dieses Mal zog ich den Reißverschluss zu. Ich muss es nicht mehr auf den Boden werfen, um offline zu gehen.

Schalte heute mal ab

Ausmisten: Lösche alle Apps auf deinem Smartphone,
die du seit Monaten nicht mehr benutzt hast.
Wenn du dich noch nicht ganz trennen willst, schiebe die weniger
genutzten Apps in einen Ordner – so hast du sie nicht ständig vor der Nase.

Langeweile zulassen: Versuche, dem Drang zu widerstehen,
dein Smartphone hervorzuholen, wenn du kurzen Leerlauf hast:
beim Warten in der Schlange, im Bus oder im Wartezimmer.
Betrachte das bloße Nichtstun als eine wohlverdiente Pause fürs Gehirn.

Konzentration: Setze dir täglich ein begrenztes
Zeitfenster für Social Media, das Beantworten von Nachrichten
und andere Apps, anstatt alles »zwischendurch« zu erledigen.

Alleine im Bett: Versuche, deinen Tag nicht mit dem Blick auf dein
Smartphone zu beginnen und ihn auch nicht so enden zu lassen.
Ein Hörspiel oder ein Buch lassen dich besser zur Ruhe kommen.

Lieber getrennt: Dein Smartphone ist Wecker, Uhr, Radio und Computer in einem.
Deshalb hast du das Gefühl, es ständig zu brauchen.
Schaffe dir mehr Unabhängigkeit durch eine Armbanduhr und einen
analogen Wecker. Beantworte E-Mails nur noch am Computer.
So läufst du weniger Gefahr, 30 Minuten bei Instagram zu verschwenden,
obwohl du nur auf die Uhr schauen wolltest.

Trau dich: Lass dein Smartphone mal absichtlich zu Hause.

PFLANZEN
PFLANZEN

Selbst in meiner kleinsten Wohnung hatte ich immer einen Topf mit Erde auf dem Fensterbrett, auf der Treppe vor der Eingangstür, auf dem Balkon, der Terrasse oder im Garten sowieso. Egal wo: Etwas einzupflanzen und zu beobachten, wie es sprießt, hat etwas Magisches.

Als ich anfing zu studieren, hat mich diese Art von Magie ziemlich wenig interessiert – bis Karla bei mir einzog. Ich fand sie am Morgen nach einer rauschenden Geburtstagsfeier zwischen dem üblichen Chaos aus Flaschen, Geschenkpapier, Pizzakartons und Glitzer. Sie leuchtete lebendig grün. Ihre pelzig weichen Stacheln sahen zum Streicheln aus (keine gute Idee). Seitdem steht sie auf meiner Fensterbank und ist meine beste Mitbewohnerin. Woher sie kam und wer sie überhaupt mitgebracht hat, bleibt jedoch bis heute ein Rätsel, um welches sich Mythen und Legenden ranken.

Unsere Freundschaft hatte ihre Höhen und Tiefen. Denn eines der wunderbaren Dinge an Kakteen ist, dass sie, im Gegensatz zu Menschen, unser potenziell schreckliches Verhalten jahrelang tolerieren können und einen sogar manchmal mit Blüten überraschen. Somit sind sie die besten Pflanzen für Einsteiger*innen und quasi unzerstörbar. Wenn man es jedoch von Anfang an auf ein harmonisches Zusammenleben anlegt, sollten einige Dinge im Umgang mit ihnen beachtet werden. Das Schlimmste, was man allen Zimmerpflanzen antun kann, ist: zu viel gießen. Die Pflanze erhält viel mehr Wasser, als sie benötigt, es kann zu Staunässe im Topf führen und die Wurzeln angreifen.

Als ich nach Wochen feststellte, dass Karla bestimmt mal gegossen werden muss und daraufhin panisch eine ganze Karaffe Wasser über ihr ausleerte, hielt sich ihre Freude in den nächsten Monaten in

> # »Das Gras wächst nicht schneller, wenn man daran zieht.«

Afrikanisches Sprichwort

Grenzen. Leider lässt sich wochenlange Vernachlässigung nicht durch tonnenweise Wasser wiedergutmachen. Dann lieber wieder langsam an wenig Wasser gewöhnen. Überhaupt ist das Ersäufen von Pflanzen schädlicher als die unbarmherzige Austrocknung. Voller Reue machte ich mich im Internet schlau über die optimale Wassermenge (so lange warten, bis die Erde durchtrocknet), den richtigen Standort (Südfenster) und einen besseren Blumentopf für Karla (unten mit Löchern).

Je mehr ich mich mit der Pflege von Pflanzen beschäftigte, desto mehr faszinierten sie mich. Da ich mir als damalige Studentin keine teuren, großen Pflanzen leisten konnte, recherchierte ich, wie ich aus Ablegern neue züchten kann. Bei einigen lassen sich einzelne Blätter abschneiden und ins Wasser stellen. Mit etwas Glück und viel Geduld bildet das kleine Pflänzchen Wurzeln und lässt sich in neue Erde setzen. Immer, wenn ich irgendwo zu Besuch war und ein besonders schönes Exemplar sah, fragte ich die Besitzerin oder den Besitzer, ob ich mir ein kleines Blatt mit Blattknoten abschneiden dürfte (meistens durfte ich). Als ich mir so nach und nach einen Urwald in meinem Ein-Zimmer-Apartment heranzüchtete, hatte ich – unwissend – das Glück, dass die relativ großen Fenster nach Süden ausgerichtet waren. Jede Pflanzenart benötigt nämlich andere Lichtverhältnisse, deshalb ist es besser, die Pflanze passend zur Wohnsituation auszusuchen, als die Wohnung an die Pflanze anzupassen. Nichtsdestotrotz oder gerade deswegen: Der ganze Aufwand, sie zu pflegen, zu gießen und sich zu kümmern, bereitet mir das größte Vergnügen und verwandelt meine Wohnung seit jeher in einen kleinen, lebendigen und stetig wachsenden Dschungel.

Tropische Pflanzen, die im Halbschatten wunderbar gedeihen, wie eine *Monstera Deliciosa* oder eine *Grünlilie*, geben nicht nur eine wunderschöne Deko ab, sondern regulieren die Luftfeuchtigkeit im Raum. Ein *Drachenbaum* oder ein *Feder-Spargel* (auch nicht mit Hollandaise-Soße zum Verzehr geeignet!) filtern die Luft und helfen, zur Ruhe zu kommen. Wenn man doch an etwas knabbern will, eignen sich Kräuter wie Minze, Rosmarin oder Basilikum, die bei der richtigen Pflege lange auf der Fensterbank überleben. Getrockneter Lavendel ist sehr hübsch in einer Vase, duftet angenehm und vertreibt ungebetene Kleidermottengäste. Sowieso eignen sich Trockenpflanzen als schöne Alternative zu Topfpflanzen, obwohl bei mir die eine oder andere lebende Pflanze unfreiwillig zur Trockenpflanze wurde (gar nicht gießen ist auch keine Lösung).

Es gibt so viele verschiedene Arten von Pflanzen, die nicht nur schön anzusehen, sondern auch nützlich sind. Sie würzen mein Essen, befreien die Luft von Staub und Schimmelsporen und sind Aromatherapie und Ausflug ins Grüne zugleich. Welche anderen Mitbewohner können das schon von sich behaupten?

Avocado-Freundschaft

Wirf den Kern nicht gleich in den Biomüll, wenn du
deine Avocado aufgegessen hast! Daraus lässt sich
nämlich mit ein bisschen Geduld ein Bäumchen ziehen
– ganz ohne Erde:

So geht's:

- Wasche den Kern unter fließendem Wasser gründlich ab
  und befreie ihn von allen Fruchtfleischresten.

- Trockne ihn mit einem Küchentuch ab und entferne vorsichtig die äußere
  braune Haut, ohne den Kern zu verletzen.
  Dazu kannst du ihn an der obersten Stelle leicht anritzen.

- Befeuchte ein Stück Küchenpapier (es darf nur leicht feucht sein, drücke das
  überschüssige Wasser fest aus) und wickle es um den Kern,
  sodass er von allen Seiten gut bedeckt ist.

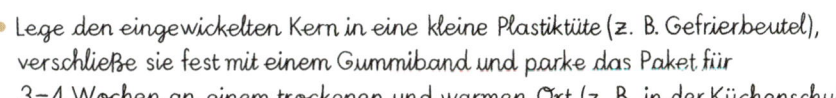

- Lege den eingewickelten Kern in eine kleine Plastiktüte (z. B. Gefrierbeutel),
  verschließe sie fest mit einem Gummiband und parke das Paket für
  3–4 Wochen an einem trockenen und warmen Ort (z. B. in der Küchenschublade).

- Überprüfe alle 1-2 Wochen, ob das Küchenpapier noch feucht genug ist.

- Nach 3-4 Wochen (kann auch länger dauern, nicht aufgeben!),
  spaltet sich der Kern und bildet eine kleine Wurzel.

- Jetzt kannst du ihn auf eine mit Wasser gefüllte Flasche stellen,
  sodass die Wurzel ins Wasser ragt. Der Kern sollte auf dem
  Flaschenhals liegen

- Stelle die Flasche an einen hellen, sonnigen Ort. Der Kern wird über die nächsten
  Wochen die Arbeit selbst übernehmen, wechsle nur etwa einmal pro Woche das Wasser.
  Nach weiteren Wochen treibt er auch nach oben aus und bildet nach und nach Blätter.

- Du kannst das Bäumchen auf eine größere Flasche setzen um das
  Wachstum anzuregen. Es kann auf dem Wasser etwa ein Jahr lang
  überleben. Wenn der Kern schwarz und klein wird, ist es Zeit,
  die Avocado in die Erde zu setzen.

QUATSCH
IM KOPF

Albern sein, herumkaspern, herumblödeln, Unsinn machen: etwas tun, das eben *keinen* Sinn ergibt, keinem höheren Zweck dient. So laut schreien, wie man kann, zum Beispiel, oder mit Anlauf in eine Pfütze springen. Sich eine Schneeballschlacht liefern, sich so lange im Kreis drehen, bis einem schlecht wird. Quatsch machen eben. Das letzte Mal bewusst Quatsch gemacht habe ich mit elf. Ich sprang wie verrückt auf der »SEHR-TEUREN-bist-du-wahnsinnig-komm-da-SO-FORT-runter-Federkernmatratze« meiner Eltern herum und durfte erst damit aufhören, wenn ich es schaffen würde, mit den Fingerspitzen die Decke zu berühren. So meine mir selbst auferlegte Regel. Und an meine eigenen Regeln hielt ich mich.

Spätestens als Teenie oder junge Erwachsene hörte ich damit auf, wie verrückt auf Matratzen herumzuspringen. »Voll peinlich!« Ich wollte mich von kindlichen Albernheiten so schnell wie möglich lösen. Und ehe ich mich's versah, kam mir die Leichtigkeit (von der ich nicht wusste, dass ich sie später einmal vermissen würde) abhanden. Ich versuche, mich krampfhaft zu erinnern, was Quatsch machen eigentlich bedeutet. »Voll peinlich!« Aus Schulstress wurde Unistress und schließlich Stress im Job, begleitet von Verpflichtungen, Alltag, Haushalt und Verantwortung. Dies muss wohl der Grund sein, warum Kinder denken, dass Erwachsene sterbenslangweilig sind.

Vielleicht kann ich von meinem jungen, quatschmachenden Ich noch etwas zurückholen und sogar von ihm lernen? Nie war meine Vorstellungskraft so groß wie damals: Ich konnte stundenlang mit einem Pappkarton spielen, meinen Stofftieren ein Haus aus ihm bauen oder ihn zu einem riesigen Stück Käse erklären (ich war die Maus).

Alles war möglich, weil ich unbefangen war. Heute kämpfe ich mich stundenlang mit Konzepten für Illustrationen ab. Ein Pappkarton ist bloß Papiermüll für mich. Apropos, ich müsste wieder das Altpapier entsorgen.

Wenn ich heute mit derselben Überzeugungskraft als Geschäftsfrau auftreten würde wie damals mit fünf – selbstbewusst und mit übergroßem Blazer meiner Mutter, Stöckelschuhen und Lippenstift im ganzen Gesicht – wer weiß? Ich würde jedenfalls einen bleibenden Eindruck hinterlassen. Gerne hätte ich ein ganzes Stück Optimismus und Zielstrebigkeit zurück. Vielleicht kann mich mein damaliger unerschütterlicher Glaube an das, was ich tue, daran erinnern, mich selbst nicht zu ernst zu nehmen und die Dinge weniger zu »zerdenken«. Je älter ich werde, desto mehr droht Stillstand, desto weniger bin ich bereit, Neues auszuprobieren, weil sich Altes nun einmal bewährt hat. Mein achtjähriges Ich würde mich in der Eisdiele verständnislos anschauen, weil ich seit Jahren immer nur Schokolade und Erdbeere bestelle. Es lacht. Aber was ist, wenn Pistazie furchtbar schmeckt und ich es aufessen muss? Das Risiko ist einfach zu hoch.

Die schönste Erinnerung an meine Kindheit sind die ruhigen Wochenenden, Ferien und freien Tage, an denen ich einfach nur glücklich und unbeschwert war. Ich spielte, rannte im Garten oder malte. Stunden fühlten sich wie Tage an, weil Kinder im Hier und Jetzt leben. Ich konnte mich bedingungslos über fast alles freuen: über ein Wort, ein Geräusch, ein Tier – alles war lustig. Als Erwachsene erwarte ich manchmal zu viel, um glücklich zu sein. Mein Job muss perfekt sein, meine Beziehungen, mein Partner, meine Freizeit. Ich warte immer auf den besonderen Moment, mein fehlendes Puzzlestück. Zum Glück! Vielleicht werde ich es niemals finden, weil es gar nicht existiert. In Momenten der Entspannung und Freizeit denke ich oft an die Vergangenheit oder die ungewisse Zukunft, an unbezahlte Rechnungen, an den morgigen Tag, an die Wäsche, die sich stapelt. Umgekehrt denke ich (während ich mal wieder heimlich den Wäscheberg ungefaltet im Schrank verschwinden lasse) an den nahenden Feierabend und an mein Bett. Es fällt mir sehr schwer, im Moment zu sein und bewusst wahrzunehmen, was um mich geschieht, meine Gedanken schweifen oft ab, das Sich-selbst-bewusstwerden ist gar nicht so leicht. Genau dann ist ein besonders guter Moment für Quatsch. Albern zu sein zieht mich aus der Gedankenschleife einfach heraus. Es ist an der Zeit, die Musik laut aufzudrehen und auf dem Sofa herumzuhüpfen oder den Wischmop zum Tanz aufzufordern.

»Mach kein' Quatsch!«

Meine Mutter

Perspektivwechsel

Handlungen wie die Haustür abzuschließen, das Wasser aufzusetzen oder den immer gleichen Weg zur Arbeit zu nehmen laufen meist so automatisch ab, dass wir sie gar nicht mehr bewusst wahrnehmen.
Eine gute Aufmerksamkeitsübung ist es, sich dieser Dinge anders bewusst zu werden und den Alltag auf den Kopf zu stellen.

Probiere es mal aus:

- Schlafe auf der anderen Seite des Bettes.

- Laufe rückwärts zum Briefkasten.

- Schreibe etwas mit der anderen Hand

- oder putze dir mit deiner »schwächeren« Hand die Zähne.

- Verbinde deine Augen und versuche, von der Küche ins Schlafzimmer zu gehen.

- Stelle dich auf den Kopf – versuche es mit einem Handstand.

- Iss eine ganze Mahlzeit mit geschlossenen Augen.

Notiere deine eigenen Ideen:

-

-

-

-

-

RAUS INS FREIE

Ein Spaziergang ist der unkomplizierteste Weg für einen »Tapetenwechsel«. Es gibt Tage, an denen ich schon beim Aufstehen merke, dass meine Motivation nicht mit mir aufgestanden ist. Das Frühstück ist trostlos, die Zeitschrift ist langweilig und selbst das wohlverdiente Nichtstun auf der Couch hat nicht die übliche Wirkung und ich kann mich nicht wirklich entspannen. Der Tag schreitet voran, ich bin lustlos, frustriert und nicht wirklich produktiv.

Da hilft nur: raus aus der Wohnung und sich die Beine vertreten. Auch wenn ich eigentlich keine Lust aufs Rausgehen habe, überwinde ich mich. Draußen angekommen, ist es meist schon weniger beklemmend. Manchmal spaziere ich durch das Viertel und schaue mir Menschen, Häuser und Geschäfte an, laufe ohne ein wirkliches Ziel durch die Gegend. Oder ich gehe in den nächstgelegenen Park und kaufe mir ein Eis, auch wenn es draußen nur acht Grad sind.

Wenn ich mir mehr Zeit nehmen will, fahre ich in den Wald. Ich diskutiere manchmal mit einem Freund, zu welcher Jahreszeit er am schönsten ist. Für ihn ist er es im Herbst, wenn die Blätter sich verfärben, die Kronen lichter werden und es, solange die Sonne scheint, noch angenehm warm ist. Die Sonne scheint immer so schön von der Seite, sagt er. Ich liebe den Frühling, wenn alles sprießt und sich die Umgebung in unendlich vielen grünen Nuancen verfärbt und alles in bunter Blüte steht. Aber was ist mit dem Sommer, wo der Wald kühlen Schatten spendet und die Luft so angenehm frisch ist im Gegensatz zur aufgeladenen und stickigen Stadt? Oder dem Winter, wenn das Holz unter meinen Schuhen knackt und die schwarzen Bäume im harten Kontrast zum hellgrauen Himmel stehen? Ich könnte mich

RAUS INS FREIE

»Jeder Mensch hat ein Brett vor dem Kopf – es kommt nur auf die Entfernung an.«

Marie von Ebner-Eschenbach, Schriftstellerin

nie entscheiden. Das Schönste am Wald sind seine beruhigende und friedliche Wirkung, seine verwinkelten Wege, der Geruch von Erde und Blättern, das Rascheln und Knacken um mich herum.

Auf meinen Spaziergängen kann ich meine Gedanken schweifen lassen, ähnlich wie unter der Dusche, wo einem ja bekanntlich die besten Geistesblitze kommen sollen. Es hat etwas Meditatives, sich zu bewegen, ich nehme meine Umgebung anders wahr, ich lasse mein Smartphone in der Tasche, ich sehe alles um mich herum aus einer anderen Perspektive. Vielleicht ist das ja das Geheimnis: Die Gedanken und Ideen kommen lassen, anstatt ihnen hinterherzujagen.

Spazierengehen ist auch immer eine kleine Expedition. Es gibt stets was zu entdecken. Freunde von mir laufen mit einem Bestimmungsbuch durch den Wald, um den Bäumen Namen zu geben. Für mich sieht der alte knorrige Baum dort hinten einfach aus wie »Kurt«. Ich freue mich über die Magie und Merkwürdigkeiten der Natur, wie einem Märchen entsprungen sehe ich einen Hexenring aus Pilzen. Als hätte sie jemand so kreisrund gepflanzt. Ich komme nicht umhin, meine Taschen mit Zapfen, Zweigen, Steinen und Eicheln zu füllen. Meist sehe ich aus wie ein Waldgeist, wenn ich wieder Richtung Zivilisation stolpere: mit rotem Gesicht, Blättern in den Haaren und den Taschen voll mit meiner Beute. Ich liebe es, an verregneten Tagen mit dem gefundenen Material daheim etwas zu basteln und mir ein bisschen Wald in die Wohnung zu holen. Ich trockne Blätter, bemale kleine Zweige und fädele Zapfen auf eine Schnur auf.

Es muss aber nicht immer der große Gang in die Natur sein. Das Beste am Rausgehen ist, dass man es sofort machen kann. Es braucht nur eine kurze Überwindung, um vom Schreibtisch oder vom Sessel aufzustehen und aus der Tür zu gehen. Sich zehn Minuten die Beine zu vertreten und einmal um den Block zu laufen, ist wie ein kleiner Neustart fürs Gehirn.

Waldbaden fürs Wohnzimmer

Passend zur Jahreszeit kannst du ganz einfach die schönsten Kränze aus Naturmaterialien basteln:

Frühling:

Binde für die Basis eine ca. 35 cm lange Schnur an die beiden Enden eines ca. 70 cm langen Zweiges.

Jetzt kannst du mit einer dünnen Nylonschnur verschiedene getrocknete Gräser wie z. B. Hirtentäschel oder Herz-Zittergras daran befestigen. Wickle sie nach und nach an den Zweig. Arbeite gerne auch einzelne getrocknete Kornblumen als Farbtupfer ein.

Sommer:

Dieser Kranz lässt sich aus biegsamen jungen Zweigen zu einem Kreis mit ca. 30 Durchmesser binden.

Umwickle alles gut mit einem Jutegarn. Nun werden in »Ebenen« getrocknete Blumen an dem Kranz befestigt: Lavendel als Basis an den äußeren Enden, dann abwechselnd Schafgarbe und Strohblumen.

Herbst:

Die Basis bilden drei Zweige. Binde sie zu einem Dreieck von etwa 30 cm Höhe zusammen.

Suche dir eine Ecke aus und binde an zwei Seiten Gräser wie Weizen und Hafer fest.
Achte darauf, in der Höhe zu variieren. Zum Schluss kannst du kleine Zweige mit roten Beeren wie z. B. Hagebutte oben drauf binden.

Winter:

Als Basis kannst du einen Holzring mit 30 cm Durchmesser, z. B. aus einem Bastelgeschäft, verwenden.

Klebe zunächst Tannenzweige mit einer Heißklebepistole fest. Drücke sie entlang der Wölbung des Rings gut fest. Du kannst sie symmetrisch nach links und rechts laufend befestigen oder nur einer Richtung folgen. Setze dann Tannenzapfen für einen »natürlichen Look« zwischen die Nadeln.

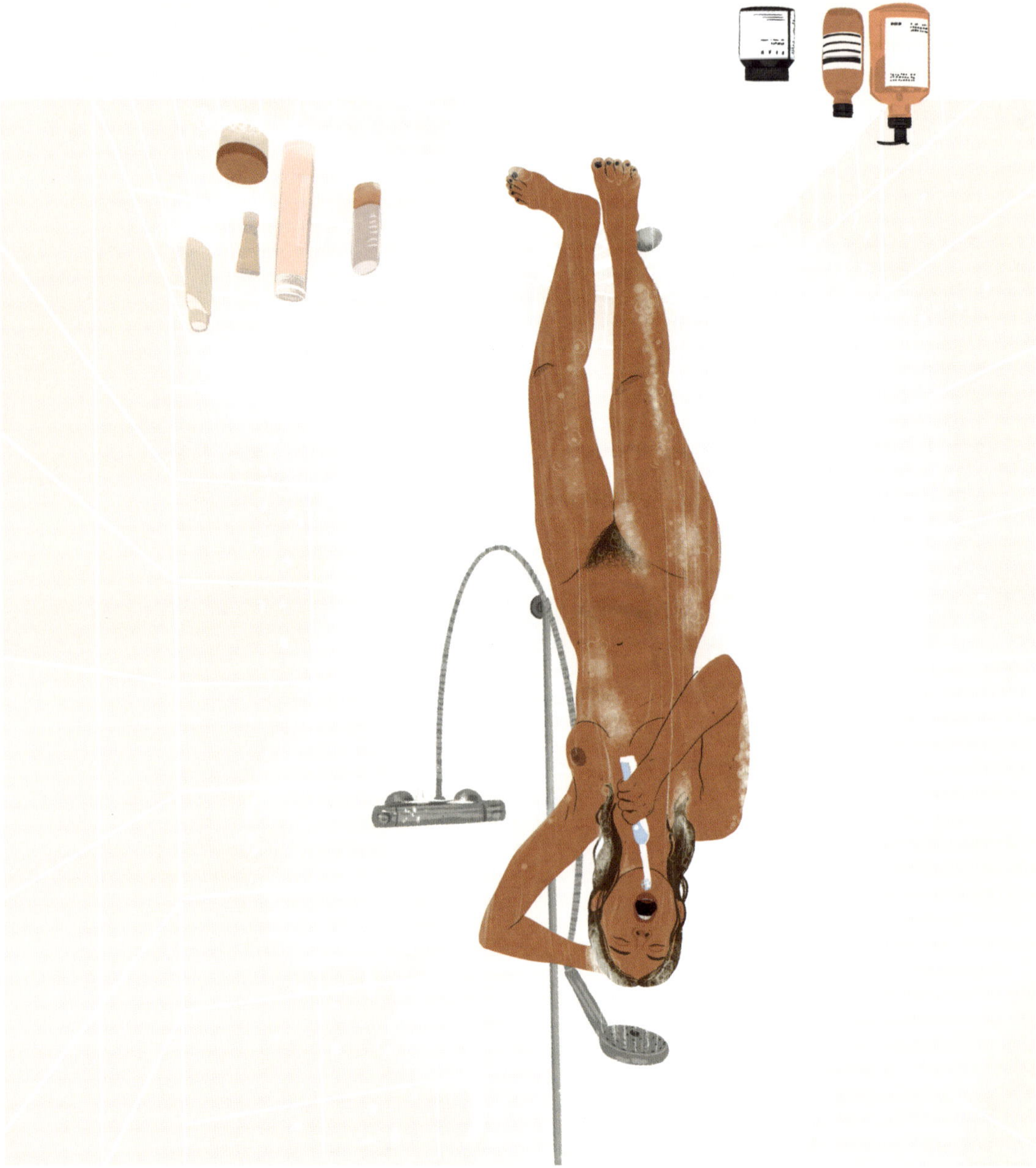

DIE EIGENE STIMME
FINDEN

»Du musst lauter sprechen«, »Ich verstehe dich nicht« oder »Kannst du das noch mal wiederholen?«, hörte ich früher fast immer, wenn ich etwas sagte. Ich habe zwar ein sehr lautes Lachen, aber eine relativ leise Stimme. Wenn ich in einer »normalen« Lautstärke sprechen soll, habe ich das Gefühl zu schreien. Vor allem in einem Raum mit vielen Menschen und Geräuschen fiel es mir früher schwer, Gehör zu finden.

Heute denke ich nicht mehr viel über meine Stimme nach, denn ich spreche kaum vor großem Publikum, und solange die Gruppe klein bleibt, können mich alle verstehen.

Sie ist schließlich nicht so viel in Gebrauch wie die von Erzieher*innen, Sänger*innen oder Politiker*innen. Das heißt, das stimmt nicht ganz: Ich bin durchaus eine begnadete Sängerin im Auto. Auch vor der Dusche mache ich nicht halt, das Plätschern des Wassers und der Hall des Badezimmers übertönen dabei glücklicherweise das meiste meiner Performance.

Singen hat etwas Beruhigendes und Natürliches. Ich weiß, dass in den ersten Jahren meines Lebens noch viel zu Hause gesungen wurde. Ich wurde zum Singen ermutigt, um mithilfe der Lieder das Sprechen zu lernen. Meine Mutter sang mir früher etwas zum Einschlafen vor. Als kleines Kind summte und sang ich gerne vor mich hin. Auch in der Grundschule wurde noch viel gesungen, aber irgendwann hörte ich in der Öffentlichkeit damit auf, weil es nicht mehr zum Alltag gehörte. Obwohl mir das Singen einfach Spaß macht und es eigentlich total egal ist, dass auch mal schiefe Töne dabei sind. Ich fing an, mich zu schämen, und ich ließ es schließlich ganz bleiben. Die Fähigkeit, perfekt singen zu können, wird im Allgemeinen höher geschätzt als das

»Wenn du denkst, dass du zu klein bist, um einen Einfluss zu haben, dann versuch mal, mit einem Moskito ins Bett zu gehen.«

Anita Roddick, Unternehmerin, Gründerin von »The Body Shop«

Singen für sich: Deshalb blieb irgendwann das Auto oder die Dusche als letztes Refugium.

Der Klang der Stimme ist ein so unverkennbares Merkmal wie das Gesicht: Einige erkenne ich sofort an ihrer besonderen Stimme, bei anderen brauche ich erst einen Moment, um sie einzuordnen. Trotzdem wird die Stimme in unserer Gesellschaft unterschätzt, weil sich das tägliche Leben auf der visuellen Ebene abspielt. Der größte Teil der Kommunikation läuft über E-Mails oder Textnachrichten ab. Dabei sagt der Klang meiner Stimme viel über meine Gefühlswelt aus: Wenn ich traurig oder unzufrieden bin, dann brumme ich, meine Stimme klingt tiefer. Bin ich unsicher, nuschle ich mir etwas in den Bart. Ich spreche schneller und lauter, wenn ich aufgeregt bin. Manchmal überschlägt sich sogar meine Stimme. Ein Stakkato, Crescendo mit Finale furioso. Bin ich fröhlich, dann klingt meine Stimme frei, hell und klar. Nicht von ungefähr leitet sich das Wort »Stimmung« von »Stimme« ab. Ein einfaches »Hallo« kann fröhlich, traurig oder wütend klingen. Ich kann noch so viel lächeln und meine Mimik verstellen – spätestens meine

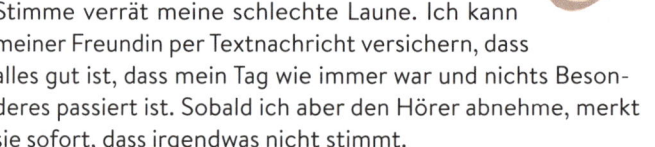

Stimme verrät meine schlechte Laune. Ich kann meiner Freundin per Textnachricht versichern, dass alles gut ist, dass mein Tag wie immer war und nichts Besonderes passiert ist. Sobald ich aber den Hörer abnehme, merkt sie sofort, dass irgendwas nicht stimmt.

Die Klangmelodie und Lautstärke der Stimme haben immer Einfluss darauf, wie ich meine Mitmenschen wahrnehme. Je lauter jemand spricht, desto mehr Aufmerksamkeit zieht er auf sich. Ich kann einschüchtern, wenn ich in einem lauten Ton spreche, oder um Hilfe schreien, wenn ich in Gefahr bin. Manche Menschen schaffen es, den größten Blödsinn als die größte Wahrheit vorzutragen, wenn sie es nur laut und selbstbewusst heraustönen. Andere sind in der Lage, mit ihrer Stimme den ganzen Raum zu füllen und alle Anwesenden an ihren Lippen hängen zu lassen.

Vielleicht habe ich doch nicht »einfach« eine leise Stimme. Unter Freunden kann ich immer ganz gut mithalten, da muss mich niemand bitten, »lauter« zu sprechen. Ich war als Kind und Teenager immer die Stille und Zurückhaltende, hatte Angst, laut zu sein, und wollte am liebsten gar nicht sprechen. Auch jetzt dränge ich mich nie in den Mittelpunkt, gebe nicht den Ton an und schweige lieber, anstatt etwas Falsches zu sagen. Aber ich habe auch gelernt, meine Stimme mehr zu kontrollieren: Wenn ich aufgeregt bin, überschlägt sie sich nicht mehr und ich wirke ruhiger und gelassener, als ich eigentlich bin. Ich atme tief durch und versuche, langsam und deutlich zu sprechen. Radiomoderator*innen oder Schauspieler*innen haben sicherlich den einen oder anderen Trick mehr auf Lager, wie sie ihre Stimme formen und manipulieren können. Auch wenn ich innerlich noch nicht überzeugt bin von dem, was ich sage, lasse ich meine Stimme klar und fest klingen, ich traue mich, den ganzen Raum einzunehmen. Meine Stimme ist meine ständige Begleiterin, sie ist immer in Gebrauch und gibt viel über mich preis – ob ich will oder nicht. Daher kann ein bisschen Aufmerksamkeit und Pflege nicht schaden. Und wer weiß? Vielleicht hilft sie mir beim täglichen Umgang mit meinen Mitmenschen und lässt mich bei einem wichtigen Gespräch doch selbstbewusster klingen, als ich eigentlich bin.

Finde deine Stimme!

Gurgeln: beim Zähneputzen mit einfachem Wasser oder zwischendurch mit Salbeitee. Lass deine Stimme dabei erklingen und schmettere deinen Lieblingssong.

Bewusst gähnen: Mach deinen Mund ruhig weit auf und strecke deine Arme aus. Dabei werden Schultern und Kehlkopf und somit deine Stimme entspannt.

Entspannung: Lass zwischendurch deinen Kopf gelöst Richtung Brustbein hängen und spüre, wie mit jedem Ausatmen dein Hals- und Nackenbereich gedehnt wird.

Summen: Deine natürliche Tonlage findest du, wenn du besonders entspannt aus dem Bauch heraus summst.

Atmung: Nervosität und Anspannung wirken sich vor allem auf deine Stimme aus. Atme daher vor wichtigen Gesprächen gut durch: Stelle dich locker hin, die Knie leicht gebeugt, die Schultern entspannt. Lege eine Hand auf deinen Bauch und versuche, deine Bauchdecke beim Ausatmen gegen die Hand zu schieben.

TRAUER
UND TROST

Trauer ist zunächst ein Ausnahmezustand: Sie kann beispielsweise durch den Verlust eines lieben Menschen von einer Sekunde auf die andere über einen hereinbrechen. Eine tragische Nachricht versetzt den Körper und den Verstand in einen Schockzustand. Jeder Verlust ist auf eine schmerzvolle Art und Weise anders und der menschliche Umgang damit variiert von Person zu Person.

Auf einmal bestimmt Trauer das komplette Leben: ein Lied im Radio, ein Geruch oder eine bestimmte Art und Weise, wie jemand geht. Ein Satz, den eine Freundin sagt, ein Lachen, das auf einmal so vertraut klingt, oder dieser eine Ort, an dem wir beide so viel Zeit verbracht haben. Eine kleine Geste eines Fremden hat die Macht, die Person wieder zurück in den Raum zu holen. Meine Gedanken katapultieren mich zurück durch die Zeit. Auch nach Jahren zucke ich zusammen, wenn ich ihren Namen höre, und spüre unwillkürlich ein starkes Ziehen tief in der Brust. Wie oft ich etwas mit ihr teilen will: einen Gedanken, ein Rezept, eine Alltäglichkeit, und mich daran erinnern muss, dass es nicht mehr geht.

Am merkwürdigsten ist der Umgang mit dem Alltag. Die Sonne scheint weiter wie immer, der Nachbarshund kläfft wie immer und der Kioskbesitzer um die Ecke macht immer noch dieselben Witze. Seltsam. So als ob sie von nichts wüssten. Ich stelle meinen Alltag auf Autopilot. Manchmal ist es verrückt, aber auch beruhigend, dass sich die Welt einfach weiterdreht, und ich flüchte mich in die tröstenden, immer wiederkehrenden Abläufe. Aber eigentlich sind Fluchtversuche vergeblich. Ich habe einen lieben Menschen verloren und sehe ihn in jedem Hinterkopf auf der Straße und in jeder Fensterspiegelung.

Wenn die Trauer mich mal wieder zu überwältigen droht, wenn meine Gedanken immer nur um das alles andere verdrängende Gefühl kreisen, dann hilft mir nur, die Trauer zuzulassen und zu versuchen, mit ihr zu leben. Sie ist eine stumme Begleiterin, die sich nicht mehr abschütteln lässt. Nach und nach finde ich vielleicht wieder Freude am Essen oder am Spazierengehen. Auch wenn ich beim Zähneputzen oder Brote Schmieren plötzlich anfange zu heulen, kommen wieder Momente, in denen ich lachen kann.

Ich lasse die Trauer an mir vorbeiziehen, indem ich meinen Gefühlen den nötigen Raum gebe. Meistens hilft Gesellschaft: Menschen, die mich gut kennen, ihre Nähe, ihre Anteilnahme, ein Gespräch oder einfach nur zusammen schweigen und fernsehen.

Wenn reden nicht hilft, dann vielleicht schreiben oder zeichnen oder Sport: Hauptsache, eine Art und Weise, das Geschehene zu verarbeiten und das Angestaute rauszulassen. Trauer heißt nämlich nicht einfach nur: dasitzen und still weinen. Trauer ist auch Wut, Verzweiflung, Angst. Sie ist manchmal laut und dann wieder ganz leise. Sie ist unfair. Sie sorgt manchmal dafür, dass Tränen ausbleiben. Traurige Gedanken, stundenlange Gespräche mit Freunden, Gekritzel und vollgeschriebene Seiten, feste Umarmungen und dazwischen ein schöner Moment – all das ist Trauer.

Trauern heißt auch, Orte des Erinnerns zu schaffen. Die Erinnerung an die schönen Momente, die ich mit einer lieben Person erlebt habe, sind immer noch ein Teil meines Lebens. Wenn ich so weit bin, hänge ich das Foto wieder auf, das ich so lange nicht mehr anschauen konnte. Gegenstände, die man mit der von uns gegangenen Person assoziiert, können in der ersten Zeit noch zu viele schmerzliche Erinnerungen hervorrufen. Mit mehr Abstand bin ich vielleicht froh, noch ein Andenken zu haben und mich an die liebe Person zu erinnern, immer wenn ich es sehe.

Andersherum musste ich selbst lernen, aktive Trauerarbeit zu leisten. Was mir in dem Moment guttat, muss nicht auch für eine Freundin gelten, die gerade trauert. Das Wichtigste ist, da zu sein und zuzuhören. Argumente oder Lösungsvorschläge sind eher fehl am

Platz. Und auch wenn ich die Gefühle meines Gegenübers nicht voll und ganz nachvollziehen kann, ist es wichtig, sie anzuerkennen. Wenn man etwas Praktisches tun will, kann man anbieten, zu kochen oder sich um die Hausarbeit zu kümmern, für die der andere gerade keinen Kopf hat.

Dabei ist es egal, ob ich nun selbst trauere oder Trauerarbeit leiste. Ich kann nicht viel tun, außer mir Zeit lassen, ein offenes Ohr finden, mir vor Augen führen, dass Trauer in allen Facetten existiert und vielleicht helfen ein Stück Kuchen, eine Freundin und ein guter Film.

»Nichts ist absolut. Alles verändert sich, alles bewegt sich, alles dreht sich, alles fliegt und verschwindet.«

Frida Kahlo, Malerin

Mood Tracker

Eine Visualisierung deiner Gefühlswelt hilft dir, »das große Ganze«
zu betrachten. Auch wenn du dich lange Zeit nicht gut fühlst,
fällt dir am Ende des Monats vielleicht auf, dass es auch schöne Tage gab.

So funktioniert's:

Dein Mood Tracker besteht je nach Monat aus 30 oder 31 verschiedenen
Feldern. Suche dir deine Stimmungskategorien selbst aus.
Ich habe hier zum Beispiel farblich zwischen
gut, normal und traurig unterschieden.

Am Ende des Tages kannst du einschätzen, wie du dich gefühlt hast,
und das entsprechende Feld in deiner »Gefühlsfarbe« ausmalen.

Ich habe den Monat aus meinem Bullet Journal als einen Olivenzweig
mit 30 Blättern visualisiert und Grüntöne für die verschiedenen
Stimmungen verwendet.

Du findest diese Vorlage zum Herunterladen auf
www.knesebeck-verlag.de.

Probiere auch andere Motive mit deinen Lieblingsfarben aus:
Sternenhimmel, Herzen, einfache Kästchen, Blumen, eine Lichterkette, ein Puzzle usw.

Lege sie als »Einzelseiten« in deinem Bullet Journal an
oder hänge sie als Bilder auf.

September

01 02 03 04 05 06 07 08 09 10 11 12 13 14 15 16 17 18 19 20 21 22 23 24 25 26 27 28 29 30

Ich fühle mich

gut

normal

traurig

ÜBERRASCHEN

Ich hasse Überraschungen. Hass ist ein starkes Wort, aber es beschreibt meinen Unwillen vor jeglichen Dingen außerhalb meiner Kontrolle ziemlich gut. Und mit dieser Einstellung bin ich – zu meiner Verteidigung – nicht alleine.

Überraschungen sind im Allgemeinen nicht gerade nur positiv besetzt. Wir misstrauen ihnen, sie bringen zwar Aufregung, aber oft auch Ärger. Spätestens seitdem ich kein Kind mehr bin, nehme ich lieber die schnöde Langweile in Kauf als etwas, worauf ich überhaupt nicht vorbereitet bin. »Bloß keine Überraschungen« verspricht ein ruhiges und reibungsloses Universum, das schön geordnet vor sich hinplätschert. Der Alltag ist schon stressig genug. Es ist einfach beruhigender, mir zumindest selbst einzureden, dass die Welt ein vorhersehbarer Ort ist und dass es bestimmte Dinge gibt, auf die ich mich verlassen kann (wie beispielsweise auf meinen Kater, der sich jedes Mal auf die Tastatur setzt, wenn ich meinen Laptop öffne).

Der Umgang mit negativen Überraschungen ist sehr viel schwieriger als der mit positiven – Krankheiten, Unfälle oder Verluste sind keine willkommenen Abwechslungen. Das bedeutet auch, dass wir sie nicht vermeiden können – sie sind ein natürlicher Teil des Lebens. Zu sagen »Ich hasse Überraschungen«, schützt mich nicht vor Schicksalsschlägen. Es gilt daher, Wege zu finden, mit negativen Erfahrungen besser umzugehen. Dazu gehört auch, mit Unsicherheiten leben zu lernen und der Furcht vor ihnen nicht so viel Platz im Alltag einzuräumen sowie stabile

»Aufrichtigkeit ist, wenn man von sich selbst überrascht ist.«

Nadine Gordimer, südafrikanische Schriftstellerin

Beziehungen zu pflegen, die mich durch harte Zeiten begleiten und mir helfen, gestärkt aus ihnen hervorzugehen. Genau die Menschen, die mich durch schlechte Überraschungen bringen, haben auch zu den schönsten Überraschungen beigetragen: Ich erinnere mich noch an die Geburtstagsüberraschungen als Teenie; an die Liebesbotschaften in meinem Rucksack; an ein spontanes Wochenende, das meine Freund*innen heimlich geplant haben; an die durchgemachten Nächte, in denen ich einfach vor der Tür meiner besten Freundin aufgetaucht bin.

Wir vergessen in unserem Alltag schnell, wie es war, als wir das Unbekannte suchten und gar nicht genug von neuen Erfahrungen bekommen konnten. Überraschungen inspirieren zu neuen Sichtweisen, sie lösen uns aus unserem festgefahrenen Alltag, sie helfen uns, die Perspektive zu ändern, und bringen uns und unsere Mitmenschen enger zusammen. Leider kommt uns das abhanden zwischen Rechnungen begleichen, einkaufen und endlich mal den Kühlschrank sauber machen. Dabei kann ich mich nicht wirklich an einen legendären Abend mit meinem glänzend sauberen Kühlschrank erinnern. Aber meine Gedanken schweifen beim Putzen des Öfteren zu den schönen Augenblicken meines Lebens ab. Also warum nicht zwischendurch neue schöne Erfahrungen machen und sich damit selbst überraschen?

Die schönsten Überraschungen sind aber die, die ich anderen bereiten kann. Ich überlege, wie ich einer mir wichtigen Person eine Freude machen kann, und das nicht nur zum Geburtstag oder zu Weihnachten, sondern einfach so: weil ich sie mag.

Manchmal hilft mir dabei der Zufall. Einen guten Freund zieht es im Spätsommer immer in die Wälder der Umgebung, um Pilze zu suchen. Er hat etliche Pilzwanderungen besucht und kennt sich aus, welche zum Verzehr geeignet sind und welche nicht. Leider hört sein Interesse beim Suchen und Bestimmen der Pilze auch auf. Als er mich eines Tages zu einer Pilzpfanne einlud, war das Essen zwar wirklich lecker, aber es knirschte unangenehm zwischen meinen Zähnen. Ich merkte an, dass zumindest meine Portion noch ordentlich Erde enthielte, die beim Waschen der Pilze vermutlich übersehen wurde. Kauend belehrte er mich, dass man Pilze doch nicht wasche, sondern putze, er aber erstens keine Pilzbürste habe und zweitens die heutige Ausbeute echt gering sei. Deswegen habe er nur den gröbsten Dreck entfernt. Außerdem hätte er keine Zeit gehabt. Das Knirschen gehöre eben dazu. Echt Natur! Und Dreck reinige bekanntlich den Magen.

So ruhiggestellt, aß ich knirschend weiter und dachte mir: »Immer wieder überraschend, diese Natur.« Als ich kurze Zeit später im Laden für Küchenzubehör ein ziemlich seltsames gummiertes Ding entdeckte, das sich nach kurzem Studium der Verpackung als eine Pilzbürste zu erkennen gab, musste ich schmunzeln. Noch aus dem Laden rief ich meinen Lieblings-Pilzbestimmer an und lud ihn für das kommende Wochenende auf ein dreckfreies Steinpilz-Risotto ein. Verlegen, aber auch sichtlich erfreut, nahm er die Bürste entgegen und schrubbte probeweise seine Hand. »Vielleicht kann man der Natur auch etwas nachhelfen«, grinste er.

Überraschungen sind am gelungensten, wenn man nicht mit ihnen rechnet, wie beispielsweise mit dem Geschenk am Geburtstag. Wenn ich jemanden überrasche, bin ich meist noch aufgeregter als die Person selbst: Überraschungen machen Freundschaften noch enger und bieten die Grundlage für die schönsten und lustigsten Geschichten.

Ideen für kleine und große Überraschungen

- Überrasche einen lieben Menschen mit einem Kuchen – einfach so.

- Denk beim nächsten Spaziergang an deine Familie: Pflücke einen Blumenstrauß und stelle ihn vor ihre Tür.

- Oder hole beim Bäcker ein paar Brötchen mehr und stelle sie ebenfalls vor die Tür deiner Freund*innen oder Nachbar*innen.

- Plane einen Wochenendtrip für deine beste Freundin oder deinen besten Freund zum nächsten Geburtstag.

- Veranstalte ein Picknick im Wohnzimmer für deinen Partner oder deine Partnerin.

- Überrasche dich selbst mit etwas, das du dir schon seit Langem gewünscht hast.

Hier ist Platz für deine eigenen Ideen:

-

-

-

VERTRAUEN
KÖNNEN

Vertrauen ist ein großes Wort. Es stärkt die Beziehung zwischen mir und meinen Mitmenschen. Trotzdem bin ich auch misstrauisch, wittere Unheil und Enttäuschungen, wenn ich Dinge nicht selbst erledige. Zu viel Kontrolle ist anstrengend. Aber wie lerne ich loszulassen, um andere einfach machen zu lassen? Die Antwort ist eigentlich simpel: mit Vertrauen. Nur wenn ich Vertrauen schenke und annehme, schätze und respektiere ich meine Beziehungen mehr.

Im Alltag vertraue ich einigen Menschen blind. Ich kann mich auf sie verlassen: Sie stehen bei Umzügen samstags um 7 Uhr morgens auf der Matte oder holen mich mitten in der Nacht vom Flughafen ab.

Im Umgang mit neuen Bekannten bewunderte ich früher immer diejenigen, die schnell Vertrauen zu anderen fassten. Diese Menschen schweben scheinbar mühelos durchs Leben. Passiert ihnen ein Missgeschick, gibt's scheinbar schnell einen Ausweg, einen neuen Partner, einen neuen Job oder was auch immer.

Vertrauen ist schwer zu definieren, aber man merkt sofort, wenn es verloren geht. Dann bin ich auf der Hut und gebe der Person, die mich verletzt hat, nichts mehr von mir preis. Damit das nicht passiert, gehe ich offen mit meinen Wünschen und Sorgen um. Nur wenn ich mir selbst und meinen Gefühlen vertraue, kann ich auch anderen vertrauen. Ich habe gelernt, dass es wichtig ist, Vertrauen und Misstrauen nicht so absolut zu setzen. Zu vertrauen ist ein Prozess mit Fortschritten und Rückschlägen. Es ist ein Verhältnis, das ich zu Personen eingehe, die ihr Leben anders meistern als ich. Vielleicht kochen sie ihre Kartoffeln ohne Deckel, was mich total irritiert, aber ich vertraue einfach darauf, dass sie trotzdem gar sein werden.

»Jede Begegnung ist eine Erfahrung und jedes Loslassen eine Erkenntnis.«

Unbekannt

Ich muss nicht alles bis ins kleinste Detail managen. Ich kann Aufgaben abgeben und mich darauf verlassen, dass das Ergebnis gut wird, auch wenn der Weg dorthin anders ist als meiner. Vertrauen zu fassen ist ein komplexer Prozess, was kein Grund ist, es nicht zu versuchen.

Sicher, es gibt Momente, da muss man blind vertrauen. Meine kletternden Freund*innen berichten immer davon. Beim Klettern ist klar, dass man sich auf den anderen verlassen muss. Aber wie ist das in den ganzen Situationen zwischen Leben und Tod? Jeder hat eine zweite Chance verdient, das merke ich an mir selbst. Auch ich habe das Vertrauen eines Menschen enttäuscht. Vielleicht war ich unerfahren, hatte eine andere Auffassung oder zu wenig Empathie. Ich habe meinen Fehler sehr bereut und war erleichtert, eine neue Chance zu erhalten, um die nächste Situation anders anzugehen. Wenn ich heute einem Menschen eine zweite Chance gebe, ist es wichtig, vorher mit der Sache abzuschließen. Es bringt nichts, nachtragend zu sein und bei jeder Kleinigkeit die Enttäuschung zu thematisieren. Wenn das passiert, merke ich, dass ich noch nicht verziehen habe und dass Vertrauen gerade nicht möglich ist. Verzeihen braucht Zeit.

Ähnlich ist es bei dem Vertrauen zu sich selbst. Auch hier musste ich lernen, mir selbst neue Chancen zu geben. Mit mir selbst gehe ich noch härter ins Gericht: »Wenn du es das letzte Mal schon nicht geschafft hast, wie willst du es dieses Mal schaffen?« Selbstvertrauen wiederzugewinnen, ist nicht so einfach. Ich muss lernen, mir meine Fehler zu verzeihen und Vergangenes loszulassen. Vielleicht hat es beim ersten Mal nicht geklappt, aber zum Glück gibt es noch viele neue Versuche.

Vertrauen heißt auch loszulassen

Das ist gar nicht so einfach, aber manchmal kann es helfen,
dir ein Paar Dinge wieder bewusst zu machen:

Versuche, nicht ständig einzugreifen, sondern deine Mitmenschen einfach
machen zu lassen. Ihr Weg zum Ergebnis mag vielleicht anders sein,
ist deshalb aber nicht automatisch schlechter.

Perfekt ist nicht immer perfekt. Trainiere, Aufgaben als »fertig« zu betrachten,
auch wenn du das Bedürfnis hast, weiter daran zu arbeiten.
Das spart Zeit und Nerven.

Versuche, mit allen Sinnen im Hier und Jetzt zu sein.

- Was siehst du?
- Was hörst du?
- Was schmeckst du?
- Was spürst du?

Übe es, Dinge zu tun, in denen du nicht gut bist. Lerne, deine
Unvollkommenheiten anzunehmen und auch mal über dich selbst zu lachen.

Mache dir die Dinge bewusst, die außerhalb deiner Kontrolle liegen,
und lerne, sie zu akzeptieren. Finde den Zeitpunkt, sie hinter dir zu lassen.
Du hast dich genug mit ihnen beschäftigt.

WOHLFÜHLEN

Ist es nicht schön, in der frisch aufgeräumten Wohnung zu stehen und stolz das eigene Aufräumwerk zu betrachten? Der Vorher-Nachher-Effekt ist einfach zu gut. Früher hielt die Ordnung nur wenige Stunden an, aber seit ich versuche, das »Jeden Tag ein bisschen«-Prinzip zu fahren, anstatt einmal alle ein bis zwei Wochen ein überwältigendes Chaos zu beseitigen, fühle ich mich wohler (mehr dazu unter A wie Ausmisten). Wenn alles seinen Platz hat und ich nicht erst den Stapel Wäsche vom Sofa aufs Bett und später wieder vom Bett aufs Sofa schmeißen muss, fühle ich mich wesentlich entspannter.

Um mich wohlzufühlen, brauche ich natürlich mehr als ein aufgeräumtes Zuhause. Früher hatte ich eine schöne Holzkiste mit lauter sentimentalen Dingen, die ich wie einen Schatz unter meinem Bett aufbewahrte. Ich vergaß monatelang, dass es sie überhaupt gab, und freute mich immer wieder, wenn ich sie zufällig beim Staubsaugen fand. Später, als ich in meine erste Wohnung zog, fragte ich mich, wieso ich alles in einer Kiste versteckte. Ich holte alle Einzelteile raus und verteilte sie in meinem Zimmer. Auch heute richte ich mich mit meinen sentimentalen Dingen ein. Wenn ich meine Komfortzone beschreibe, beschreibe ich eigentlich mein Zuhause: weiche Decken, Kissen, indirektes Licht, schöne Erinnerungen, die sich über die Jahre angesammelt haben. Ich versuche, jeden Raum so gemütlich wie möglich zu gestalten. Auch das Badezimmer. Auch das Arbeitszimmer. Auch den Flur.

Die Erleichterung, nach einem langen Tag endlich die eigene Wohnung zu betreten und einfach alles von sich zu werfen, kenne ich nur zu gut. Mein Eingangsbereich ist daher funktional gestaltet, mit vielen Ablagen und einer Garderobe. Aber auch einem flauschigen Läufer auf dem Boden und einem angenehmen Raumduft, der mir das Ankommen noch mehr versüßt.

Da ich oft zu Hause arbeite und ein eigenes Büro habe, ist es leichter, diesen Bereich vom Rest der Wohnung abzutrennen: Tür zu und die Arbeit ist aus dem Sinn. Aber auch meine Freund*innen haben einen kleinen Arbeitsbereich im Schlafzimmer oder Wohnzimmer, der sich beispielsweise durch einen Raumteiler vom Rest der Wohnung abgrenzen lässt. In meinem Büro habe ich einen gemütlichen Bürostuhl, Bilder an den Wänden und einen schönen Fensterblick, sodass ich gar nicht in Versuchung komme, auf dem Sofa zu versinken und von dort aus zu arbeiten (was ab und zu natürlich trotzdem passiert). Es ist mir wichtig, die Arbeit Arbeit sein zu lassen und sie nicht überallhin mitzunehmen.

Das Wohnzimmer ist eine Mischung aus Spa, Kino und Konzertsaal. Hier kann ich endlich ein Buch lesen, mit geschlossenen Augen Musik hören, eine Serie schauen oder ein kleines (langes) Schläfchen auf dem Sofa halten.

Auch in der Küche höre ich gerne Radio, während ich mir einen Toast mache. Ich setze mich mit einer Tasse Tee und meinem Frühstück ans Fenster und freue mich über die kurze Stille am Morgen.

»Wohlfühlen« ist nicht unbedingt an einen Ort gebunden. Es ist das Gefühl, wenn ich umgeben von meinen Freunden bin und der Raum von ausgelassenem Quatschen, Schnibbeln und Gläserklirren erfüllt ist. Es sind Geburtstage oder Feiertage, an denen ich umgeben bin vom Lachen und den ausgelassenen Gesprächen meiner Familie. Es ist ein fauler Sonntagmorgen auf der Couch mit einem lieben Menschen. Es ist mein Kater, der mir abends lautstark ins Ohr schnurrt.

Egal, ob alleine oder in Gesellschaft: Am wohlsten fühle ich mich, wenn ich entspannt bin. Und dafür kann ich meistens selbst sorgen. Es gibt so viele Möglichkeiten, kleine Wohlfühlrituale in den Alltag einzubauen: Eine halbe Stunde in der Badewanne ganz für mich ist trotz Vollzeitjob, Familienstress und Haushalt allemal erlaubt und der Paketbote erschreckt sich auch nicht mehr, trotz Gurkenmaske im Gesicht.

WOHLFÜHLEN

»Hygge ist ein Zustand,
in dem man im Einklang
ist mit sich selbst,
seinem Partner,
dem Finanzamt und
seinen inneren Organen.«

Tove Ditlevsen, Schriftstellerin

Zeit für Entspannung

3-Minuten-Rezept für ein Zitronen-Minze-Körperpeeling

Weder für die Zutaten noch für das Wellnesswochenende
musst du deine Wohnung verlassen:

Für 2-3 Anwendungen:

300 g Zucker
6 EL Kokosöl oder Olivenöl
1 Zitrone, unbehandelt
6 Blätter Minze
1 Schuss Honig (optional)
1 Glas mit Deckel

1.) Mische den Zucker mit dem Öl in einer Schüssel.
   Das feste Kokosöl lässt sich besser mithilfe einer Gabel vermischen.

2.) Wasche die Zitrone gut ab, viertle sie mit einem Messer und püriere
   sie mit einem Mixer. Wenn du keinen Mixer hast,
   kannst du auch nur die Haut fein abreiben und den Saft auspressen.
   Vermenge sie mit der Zucker-Öl-Mischung.

3.) Hacke die Minze klein und füge sie zusammen mit einem Klecks Honig
   der Mischung hinzu. Für ein festeres Peeling nimmst du einfach etwas mehr Zucker.

4.) Rühre alles gut durch und fülle dein Peeling in ein Glas mit verschließbarem Deckel.

Das Peeling ist 1-2 Wochen im Kühlschrank haltbar.

Zu der Zucker-Öl-Basis kannst du auch andere Zutaten hinzufügen wie beispielsweise
getrockneten Lavendel, Kaffeepulver, Gurke, Erdbeere, Haferflocken etc.

Das Peeling ist auch eine sehr schöne Geschenkidee.

X-MAL GEMACHT

Das Haus meiner Großeltern ist umgeben von einem großflächigen Rasenstück. Ihre Wohnung liegt in einem Mehrparteienhaus mit drei Eingängen, ordentlich angelegte Wege führen zu den jeweiligen Eingangstüren. Immer wenn ich sie nach der Schule besuchen wollte und von der Hauptstraße kam, war es einerseits ABSOLUT VERBOTEN und andererseits einfach kürzer und schneller, über die penibel gemähte Wiese zu gehen. Das habe nicht nur ich bemerkt, sondern auch andere Besucher*innen und Bewohner*innen dieses Hauses. Nach und nach bildete sich, zum Ärgernis des Hausmeisters, ein Trampelpfad, der immer größer wurde und zu dem ich das eine oder andere Trampeln beigetragen haben könnte.

Wiederholung bildet sichere Wege. Auch im Gehirn. Wenn ich denselben Weg immer und immer wieder abgehe, überquere ich ihn irgendwann schneller und sicherer. Wenn es nur genug Wiederholungen gibt, wird der Hausmeister in meinem Kopf aufgeben und eines Tages aus dem Trampelpfad endlich einen gepflasterten Weg machen, den ich selbst mit geschlossenen Augen gehen kann.

Bei komplexeren Sachen wie Schwedisch lernen, zeichnen oder Gitarre spielen erfordert es Monate oder Jahre der Wiederholung und Übung, bis man den Dreh raushat. Eine frühere Mitschülerin von mir konnte damals wahnsinnig gut zeichnen. Meine Freundinnen und ich waren überzeugt, dass es an ihrem Talent liegen muss. Dass sie schon seit Jahren geübt und verschiedene Techniken ausprobiert hat, war uns natürlich nicht ersichtlich, während sie mit einer Leichtigkeit und einem Selbstverständnis alles Mögliche aufs Papier brachte: fantastische Tierwesen, Menschen mit perfekten Händen und Füßen

»Man merkt nie, was schon getan wurde, man sieht immer nur, was noch zu tun bleibt.«

Marie Curie, Physikerin

(ich war super neidisch, meine Zeichenversuche von Händen glichen einem Vorteilspack Wiener Würstchen), Landschaften und Portraits. Das konnte nur etwas Übernatürliches sein, anders konnten wir es uns nicht erklären.

Auch ich liebte es zu malen, seit ich einen Stift halten konnte, hatte aber auch Phasen, in denen ich lieber Klavierstunden nahm oder mich mit meinen Freund*innen traf und meine Pinsel und Farben links liegen ließ. Als die Tage länger und wärmer wurden, kam die Zeit, die alle Eltern herbeisehnen, aber auch ein bisschen fürchten: die Sommerferien. Gegen Ende, nachdem ich mich mit genügend Freund*innen getroffen, genug Bücher gelesen und Spiele gespielt hatte, nervte ich meine Eltern alle fünf Minuten mit »Was soll ich jetzt machen, mir ist langweilig«, woraufhin mein armer Vater zum zehnten Mal mit »Mal' mir doch etwas Schönes« antwortete. Seufzend fügte ich mich und kramte die Kiste mit Buntstiften, Farbkästen und Kreiden heraus. Ordentlich baute ich alles vor mir auf, öffnete den Aquarellkasten, spitzte Buntstifte an und holte ein Glas Wasser, um die Farbe zu verdünnen. Hochmotiviert brüllte ich »WAS SOLL ICH MALEN??« aus meinem Zimmer. Mein Vater schrie zurück: »Wie wär's mit einem Tiger?« Ich zuckte mit den Schultern und legte los. Leider sah das, was ich bei meinen ersten Versuchen aufs Papier brachte, in meinem Kopf ganz anders aus: Mein Tiger war eine Kreuzung aus Schwein und Kartoffel und selbst die Streifen konnten nicht mehr viel retten. Frustriert knüllte ich das

Papier zusammen und holte ein neues Blatt heraus. Und auch das nächste und übernächste Werk sah leider nicht anders aus. Trotz meiner wachsenden Frustration hing ich wochenlang über meinem Schreibtisch. Ich okkupierte den Küchentisch und den Wohnzimmerboden und kreierte hartnäckig eine gestreifte Kartoffel nach der anderen. Aber noch größer als meine Wutanfälle und der Drang, einfach aufzugeben, waren meine neu entflammte Liebe zur Kunst und meine Entschlossenheit. Ich verlor mich stundenlang im Ausmalen, Ausschneiden und Abzeichnen. Ich bekam Bücher über Anatomie und Farbenlehre geschenkt und meine Eltern meldeten mich sogar bei einem Malkurs an. Vielleicht war der Tiger auch ein zu ambitioniertes Projekt gewesen und mein Vater schlug vor, ihn zu einer Light-Version zurückzustufen: einer Katze.

Auch Jahre später gab ich meine Leidenschaft nicht auf, wurde langsam besser und fasste zum Ende meiner Schulzeit den Entschluss, ein Kunststudium zu absolvieren. (Mein Hobby zum Beruf zu machen, bedeutete für mich schnell, ein neues Hobby zu suchen. Auch ein bezahltes »Hobby« ist Arbeit.) Heute, rund fünfzehn Jahre und mindestens 5000 Katzenbilder später, kann ich jede beliebige Katzenrasse aus jeder erdenklichen Perspektive und Position zeichnen. Wenn ich auf neue Bekannte treffe und sie meine Arbeit sehen, sagen sie: »Du hast einfach Talent« (natürlich nett gemeint). Dann entgegne ich: »Danke, aber das ist nur ein kleiner Teil.« Und setze zum x-ten Mal an: »Das Haus meiner Großeltern ist umgeben von einem großflächigen Rasenstück ...«

Allein schon eine einzelne Wiederholung kann uns besser machen. Und etwas richtig zu meistern, kann Tausende Wiederholungen brauchen. Es ist wichtig, sich ins Gedächtnis zu rufen, dass es bei fast allen Dingen eine gewisse Ausdauer und vor allem Durchhaltevermögen braucht. Wir haben alle die Werkzeuge dazu in der Hand – es gilt nur, nicht den Mut zu verlieren.

Die Katze liegt im Detail

Ergänze Details wie Fellfarbe, Gesicht, Pfoten und Schwanz, Streifen etc.
Die Wiederholung kann sogar meditativ wirken.

YOGA IM PARK

Wenn mich meine Freund*innen beschreiben sollen, kommt spätestens als zweites oder drittes: »Sie mag keinen Sport.« Als in der Schule Volleyball auf dem Programm stand, wich die ganze Klasse vor mir zurück, weil mich niemand im Team haben wollte. Ich schoss Basketbälle zur gegnerischen Mannschaft, tauchte unter dem Balken hindurch, anstatt über ihn drüber zu springen, schwamm so langsam, dass selbst der Lehrer ungeduldig wurde, schoss den Fußball ins eigene Tor und nach fünf Minuten Dauerlauf krümmte ich mich vor Seitenstechen auf dem Boden.

Auch später konnte ich dem Fitnesswahn nichts abgewinnen. Ich hasste es, zu schwitzen und aus der Puste zu sein. Mir war durchaus bewusst, dass zu einem gesunden Körper auch Bewegung gehört, aber immer, wenn ich meine Matte ausrollte, war mir zum Heulen zumute. Ich habe nie das berühmte Läuferhoch gespürt und mein Körper fühlte sich beim herabschauenden Hund an wie Blei, während meine Muskeln aus Pudding waren. Der kleinste gemeinsame Nenner, auf den sich mein bockiger Körper und die »Du musst dich mehr bewegen«-Stimme in meinem Kopf einigen konnten, war ein Spaziergang. Gehen ist nicht anstrengend, gehen kann sogar ich.

Der Park in meinem Viertel ist wunderschön. Alte majestätische Bäume überragen Wiesen. Auf meinen Spaziergängen sah ich, wie einige gelassen schlenderten, andere auf Bänken miteinander quatschten und wieder andere den Sport ernst nahmen. Beschämt wich ich den Jogger*innen aus, die durchtrainiert und souverän an mir vorbeitrabten. Als ich um die Kurve bog, entdeckte ich eine Gruppe von Menschen, die friedlich auf ihren Matten lagen. »Shavasana«, sagte

»Jedes Mal, wenn ich sprang, schien ich den Himmel zu berühren, und als ich wieder auf der Erde ankam, schien sie mir allein zu gehören.«

Josefine Baker, Tänzerin, Sängerin und Schauspielerin

die Yoga-Lehrerin, während sie ausgestreckt auf der Matte lag. Voyeuristisch blieb ich stehen und beobachtete das Spektakel. Eine Frau schnarchte zufrieden. *Das* könnte etwas sein, dachte ich mir. Kurze Zeit später fingen die Ersten an, ihre Matten zusammenzurollen. Eine Brünette, die sich als meine Nachbarin herausstellte, winkte mir aufgeregt zu: »Komm nächste Woche auch dazu!« Aufmunternd lächelte sie mich an. »Die erste Stunde ist zum Ausprobieren.«

Eine Woche später stapfte ich mit meiner neonpinken Matte bewaffnet in den Park. Die Jogger*innen grinsten wissend. Ich starrte entschlossen aus meinen Leo-Leggins zurück und stolzierte zu einem freien Plätzchen neben meiner Nachbarin. Die Leiterin sagte ein Paar begrüßende Worte und dann ging's los. »Pranayama«. Alle schlossen die Augen und atmeten tief ein und aus. Im Park fand ich es ein wenig befremdlich, im Schneidersitz auf einer Gummimatte zu sitzen und lautstark zu atmen, aber die frische Luft in meiner Lunge ließ mich alles um mich herum vergessen. Dies hatte nichts mit dem stickigen Yogastudio zu tun, das ich ein paar Monate zuvor besucht hatte.

Nach ein paar »Sitzungen« fielen mir noch mehr Unterschiede zum Indoor-Yoga auf: Es

YOGA IM PARK

war viel anspruchsvoller, auf der unebenen Wiese auf einem Bein zu balancieren. Vrksasana (Baumpose) war schon auf einem Parkettboden wackelig. Ich fixierte eine alte Eiche, die aufmunternd stabil dastand. Während ich ihre Äste und Blätter bewunderte, vergaß ich kurz, über meine mangelnde Balance nachzudenken, und hielt überraschend die Pose. Die Eiche raschelte zufrieden.

Im Park kann ich buchstäblich »meine Hände zur Erde strecken« und »meinen Blick zum Himmel richten«. Ich fühle das Gras zwischen meinen Fingern und sehe Wolken und Vögel an mir vorbeiziehen. Ich bin ein Teil dieser Welt, eine Kuh, ein herabschauender Hund, eine bucklige Katze, ein wackeliger Baum. Langsam beginnt das Ganze Sinn zu ergeben. Die Freiheit. Kein Zeitdruck. Und vor allem die Umgebung. Alles fließt. Meine Sinne werden ganz anders angesprochen: Ich rieche die feuchte Erde, höre die Vögel zwitschern, sehe das beruhigende Grün der Natur und spüre die Wärme der Sonne und den kühlen Wind auf meinem Gesicht.

Hier gibt es keinen Leistungsdruck, ich spüre bewusst meinen Körper, ich kann in einer Position verweilen, auch wenn es mal anstrengend ist. Keine Seitenstiche und Puddingarme (zumindest ist der Pudding jetzt fester).

»Shavasana« (die ganze Spannung aus Körper und Geist weichen zu lassen) – ein Insekt brummt in meinem Ohr. Vielleicht schnarche ich auch schon leise. Namaste.

Virabhadrasana II

Virabhadrasana I

Ashta Chandrasana

Eka Pada Adho Mukha Svanasana

Adho Mukha Svanasana

Den Yoga-Flow findest du zum Herunterladen und Ausdrucken auf www.knesebeck-verlag.de

Tadasana

Uttanasana

Ardha Uttanasana

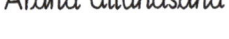

Kumbhakasana

Bhujangasana

ZUHÖREN

»Ich hatte gerade ein nerviges Erlebnis im Supermarkt ...«, fing ich an meiner Freundin zu erzählen, worauf sie mich mit »Das kann nicht so verrückt sein wie mein letzter Einkauf ...« unterbrach. Dabei hätte ich doch so gerne meine komische Geschichte zu Ende erzählt. Aber auch mir passiert es oft, dass ich etwas von meinen Erlebnissen erzähle, ohne auf die Erzählung meines Gegenübers einzugehen. Früher fiel mir das nicht weiter auf, bis ich in der Küche einer Uni-WG-Party, Chili Sin Carne aus einer Plastikschüssel löffelnd, mit einer Bekannten ins Gespräch kam. Aus dem Gespräch wurde eine sehr angeregte und schöne Unterhaltung. Sie hörte nicht einfach nur »hin«, sondern fragte nach Einzelheiten und versuchte, das, was ich zu sagen hatte, auch wirklich zu verstehen. Erst da fiel mir auf, wie oft wir einfach nur sprechen, anstatt ein richtiges Gespräch zu führen.

An einem anderen Tag ging ich mit meinen Arbeitskolleg*innen in der Mittagspause ins Café und ertappte mich dabei, wie ich, während mein Gegenüber noch sprach, schon überlegte, was ich als Nächstes sagen will. Anstatt einfach nur zuzuhören. Na klar, manchmal fällt mir etwas Lustiges ein, während meine Gesprächspartnerin etwas erzählt, und es sprudelt einfach aus mir heraus und das ist okay. Aber inzwischen versuche ich, mehr darauf zu achten, meinem Gegenüber die volle Aufmerksamkeit zu schenken, mich in den anderen hineinzuversetzen und zu lernen, was ihm durch den Kopf geht, um auf bestimmte Sachen einzugehen. Genau diese Wertschätzung macht ein schönes und intimes Gespräch aus und bringt mich näher mit meinen Mitmenschen zusammen. Feingefühl ist die Basis für gutes Zuhören, um auch die Zwischennuancen des Gesagten zu verstehen. Neulich hat mich

ZUHÖREN

»Um etwas zu sagen, ist immer Zeit vorhanden, aber nicht, um zu schweigen.«

Vilma Espin, Revolutionärin und Politikerin

ein Projekt sehr gestresst und ich war in Gedanken nur bei der Arbeit. Meine Mutter erzählte mir am Telefon von ihrem Tag, während ich nur alle drei Minuten ein »Mhh« von mir gab. Wenn man gedanklich gänzlich abgelenkt ist, wird es mit dem Zuhören schwierig. Stress macht ein einfühlsames Gespräch unmöglich, deshalb kann nichts wirklich Wichtiges »mal eben« zwischen Tür und Angel besprochen werden. Wenn ich gerade in Eile bin, vertage ich lieber das Gespräch, aber achte darauf, es nicht einfach zu vergessen.

Zuhören ist nicht einfach nur abwarten, bis der andere fertig ist, um dann selbst etwas sagen zu können. Zuhören kann man mit mehr Sinnen als einfach nur mit den Ohren: Ich achte auch auf die Mimik, Gestik und den Tonfall des Erzählenden, um jede Information zu verarbeiten. Im Streit fällt mir besonders auf, wie ich diese Vorsätze komplett über Bord werfe. Jede Partei will den eigenen Standpunkt um jeden Preis durchsetzen, ich reagiere emotional und will nur meiner Frustration Raum geben. Deshalb ist es auch mal gut, sich zurückzunehmen und so ruhig es geht dem anderen zuzuhören.

Gut und aufmerksam zuhören heißt auch, auf mich selbst zu hören. Das Überflüssige in meinem Leben loszulassen und zu erkennen, was wirklich wichtig ist. Es heißt, mir mehr Zeit für *mich* zu nehmen. Das Smartphone »aus Versehen« in die selbst gemachte Tomatensuppe fallen lassen (ausschalten geht auch) und mich nur über den spontanen Überraschungsbesuch von Freund*innen freuen, die ich viel öfter sehen will. Und die Arbeit für einen Moment Arbeit sein lassen. »Zuhören« heißt, nicht nur meine Fehler, sondern auch meine Stärken zu erkennen und öfter JA zu neuen Abenteuern zu sagen. Herauszufinden, wann es Zeit ist, ein paar Tage mit dem Lieblingsbuch oder dem Lieblingsfilm auf der Couch zu verbringen und mich mit einer großen Pizza zuzudecken. Und vor allem nicht zu vergessen, die kleinen Momente einzufangen, die so schnell nicht wiederkommen: Chips im Bett oder Yoga im Park zum Beispiel.

Pop-up-Karte

Zuhören ist wichtig – sich fürs Zuhören zu bedanken aber auch:
Sag es mit einem Blumenstrauß zum Aufklappen.

1. Du brauchst 7 Notizzettel à 9x9 cm, eine Schere,
Klebstoff, Buntstifte oder Marker (optional) und einen DIN A5 Karton.

2. Falte die untere rechte
Ecke auf die obere linke Ecke
(versuche, möglichst genau zu sein).

3. Du erhältst ein Dreieck.
Falte unten links auf
oben rechts.

4. Das Dreieck wurde halbiert.
Falte oben links
auf oben rechts.

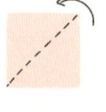

5. Zeichne einen Halbkreis an den oberen Rand
(benutze eine Münze als Schablone)
und schneide an der Linie entlang.

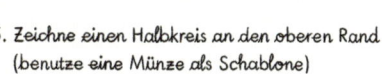
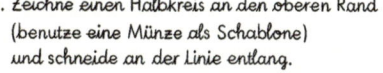

6. Falte die Form zu einer Blüte auf.
Jetzt kannst du sie nach Wunsch gestalten:
Male Details wie Blütenblätter usw. auf.

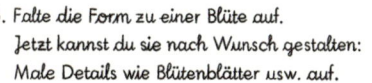

7. Schneide ein Blütenblatt heraus
und klebe die beiden offenen
aufeinander, um eine
dreidimensionale Blüte mit
sechs Blättern zu erhalten.

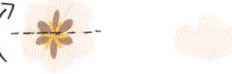 8. Klappe die Blüte in der Mitte zusammen.

9. Wiederhole Schritt 2 bis 8 mit den übrigen Notizzetteln.

 10. Platziere ein wenig Kleber auf die markierten
Punkte und folge der Abbildung beim Zusammensetzen.

11.

12.

13.

14.

15.

16.

Fertig! Beschwere die
Blüten 2–3 Minuten
lang mit einem Buch.

17. Falte den DIN A5 Karton in der
Mitte und gestalte den Innenteil,
wie es dir gefällt.

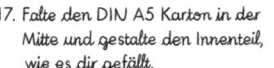

18. Richte die Blüte an der
Faltlinie aus und gib etwas
Kleber auf die markierten Stelle.

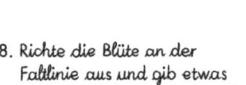

19. Klappe die Karte zu
und drücke alles fest an.

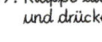

20. Klappe die Karte auf und klebe die
andere Seite der Blüte ebenfalls an
der Markierung fest.

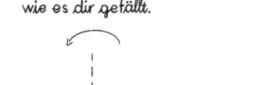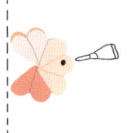

21. Klappe die Karte zur
Rückseite zu und drücke noch
mal alles fest.

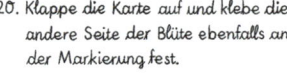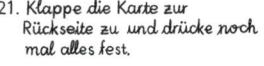

22. Tadaaa!

DIE AUTORIN

Alissa Levy wurde 1992 in Kiew, Ukraine, geboren. Mit sechs Jahren immigrierte sie mit ihrer Familie nach Dortmund, wo sie auch heute noch lebt. Schon während ihres Studiums an der Folkwang Universität der Künste arbeitete sie als freiberufliche Illustratorin. Seit ihrem Masterabschluss illustriert sie weiterhin für Bücher, Magazine und ihren eigenen Shop. Sie arbeitet vor allem international im Bereich Editorial, Lifestyle und Mode. Alissas pastellfarbene Illustrationen zeigen oft die kleinen, humorvollen Besonderheiten des Alltags. Wenn man sie nicht beim Zeichnen in ihrem kleinen Atelier trifft, dann spielt sie zusammen mit Kater und Partner Klavier.

DANKE!

Dieses Buch war von vorne bis hinten Teamarbeit. Ich danke dem Knesebeck Verlag für die Möglichkeit, meine Bilder, Worte und Ideen in ein Buch bringen zu dürfen. Einen ganz besonderen Dank an meine Lektorin Anja Sommerfeld, für deine Ideen, Vorschläge, Korrekturen und vor allem für die große Freiheit, »drauflos« gestalten zu dürfen. Und an meine Redakteurin Silke Weiher, für deine Expertise, für die immer passenden Vorschläge und die aufmunternden Worte in den richtigen Momenten. Natürlich auch an den Grafiker Fabian Arnet, dessen Layout-Gestaltung die Bilder und Texte in ein richtiges Buch verwandelte.

Danke, Willi – von A bis Z und besonders für »Q wie zusammen Quatsch machen«. Und natürlich danke an meine Eltern und meine Schwester: Euch verdanke ich die lustigsten und schönsten Geschichten und Momente in meinem Leben.

IMPRESSUM

Deutsche Originalausgabe
4. Auflage 2024
Copyright © 2020 von dem Knesebeck GmbH & Co. Verlag KG, München
Ein Unternehmen der Média-Participations

Illustrationen © Alissa Levy

Projektleitung und Lektorat: Anja Sommerfeld, Knesebeck Verlag
Redaktion: Silke Weiher, Gräfelfing
Gestaltung: Fabian Arnet, Knesebeck Verlag
Satz: Akademischer Verlagsservice Gunnar Musan
Herstellung: Arnold & Domnick, Leipzig
Druck: PNB Print Ltd
Printed in Latvia

ISBN 978-3-95728-483-9

Alle Rechte vorbehalten, auch auszugsweise.

www.knesebeck-verlag.de